JN269997

Winnie the Pooh
くまのプーさんと英語で日記を書いてみる

石原 真弓 著
Mayumi Ishihara

Let's Write a Diary in English
with Winnie the Pooh

本文デザイン：福田 礼花（フレーズ）／翻訳：松本 裕／校正：長尾 実佐子

はじめに

　さまざまな英語学習法があるなかで、気軽にはじめられて、長続きさせやすいものとして、「英語日記」が挙げられます。そして、それをプーさんの世界観とともに、楽しく、ほんわかと学べるのが本書です。

　語学の習得に継続が不可欠なのはいうまでもありませんが、独習ではなかなか難しいもの。しかし、人に見られたり評価されたりすることのない気楽さと、内容や文量、頻度など、すべて自分のペースで進められる自由さを兼ねそろえた「英語日記」なら、とりわけ負担が少なく、続けやすいのではないでしょうか。日記をツールとして利用することで、英語に触れることを自然な形で習慣化できるのも、利点の1つと言えます。

　本書のChapter 2では、「くまのプーさん」のストーリーから、日記に役立つ構文を取り上げて解説しています。単語をあてはめるだけで文章が完成するので、英語に自信がない人でも簡単に英作できるようになっています。コツがつかめたら、身のまわりのことに応用し、Chapter 3の表現と組み合わせれば、簡単な日記がさっと書ける構成になっています。プーさんとその仲間たちの日常を読むのも楽しいですし、彼らの和やかな雰囲気には癒しを感じることでしょう。

　みなさんの生活に英語日記を定着させ、継続のコツと、英語を学ぶことの楽しさを見出すお手伝いができればうれしく思います。

著者・石原真弓

本書の特長と使い方

❶やり方を知る　❷基本を学ぶ　❸自分で表現してみる
の簡単な3ステップで、今日から気軽に英語日記をはじめてみよう！

インプットの章

CHAPTER 1

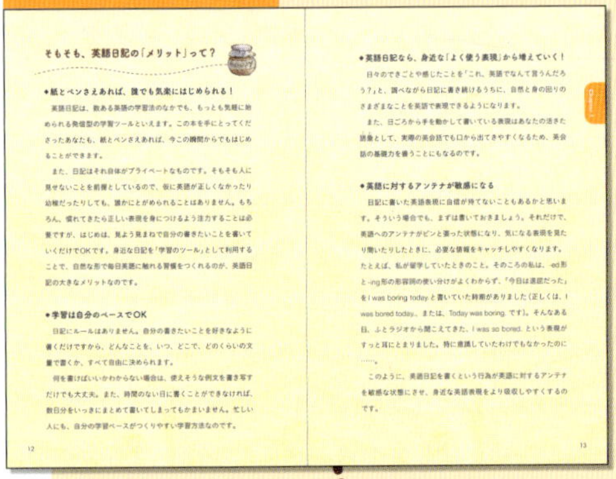

Step 1

まずChapter 1を読んで、英語日記の「基本的な書き方」や「続け方」のコツを学びましょう。

Step 2

Chapter 2では、プーさんたちと一緒に英語日記でよく使う「40の重要パターン」を学びましょう。

CHAPTER 2

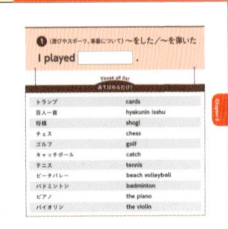

Chapter1&2で具体的な書き方を学んだら……

アウトプットの章

表現集

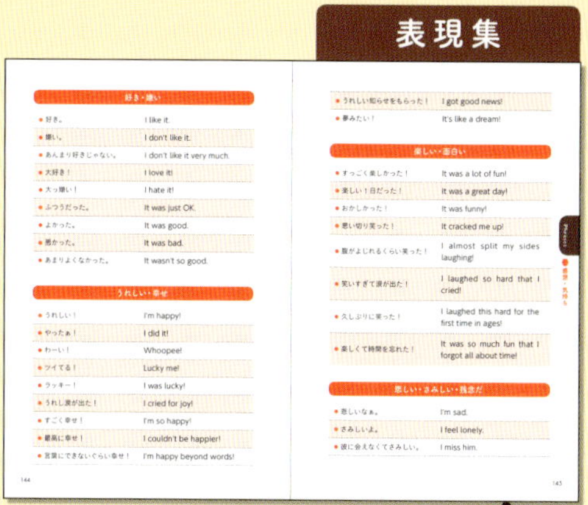

Step 3

ここまで来たら、Chapter 2で学んだパターンと、P.124～の「表現集」を見ながら、1カ月お試し英語日記ページに自分で英語日記を書いてみましょう！ まずは1行からでもOKです。

1カ月お試し英語日記

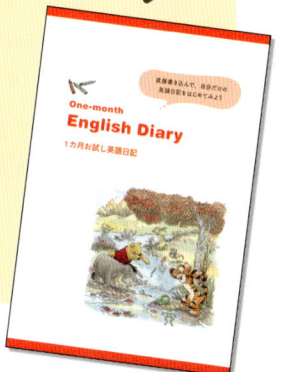

Contents もくじ

はじめに……………………………………3
本書の特長と使い方………………………4
キャラクター紹介…………………………8

Chapter 1 英語日記のはじめ方、教えます！……………10
英語日記の「はじめ方」から「続け方」のコツまで

Column1 英語日記は英会話でも役立つ！……24

Chapter 2 英語日記でよく使う表現を身につけよう！……26
プーさんたちと一緒に、英語日記に役立つ頻出40パターンをマスター

Column2 英語日記で語彙を増やす……108

1カ月お試し英語日記 ……………………… 111
直接書き込んで、自分だけの英語日記をはじめてみよう

見ながらすぐに使える
英語日記の表現集 ……………………… 124
自分の「書きたいこと」を探してすぐに日記が書ける！

Section 1 🍎 感想・気持ち ……………………… 127
Section 2 🍏 生活 ……………………… 141
Section 3 🫐 仕事 ……………………… 161
Section 4 🍊 遊び・趣味 ……………………… 181
Section 5 🍇 健康・美容 ……………………… 193

Characters
キャラクター紹介

Pooh
くまのプーさん

Piglet
ピグレット

Tigger
ティガー

Rabbit
ラビット

Owl
オウル

Eeyore
イーヨー

Kanga & Roo
カンガとルー

Chapter 1

英語日記のはじめ方、教えます！

英語日記の「はじめ方」から「続け方」のコツまで

How to Start Writing a Diary in English

「英語日記ってどんなもの？」

「本当に英語力が上がるの？」

「自分ひとりで勉強できるか不安」

「書き続けられる自信がない……」

そんな疑問にすべてお答えしながら、

この章では、英語日記のメリットやはじめ方・続け方、

そして行き詰まってしまったときの具体的なアドバイスまで

お伝えしていきます。

そもそも、英語日記の「メリット」って？

◆ 紙とペンさえあれば、誰でも気楽にはじめられる！

英語日記は、数ある英語の学習法のなかでも、もっとも気軽にはじめられる発信型の学習ツールといえます。この本を手にとってくださったあなたも、紙とペンさえあれば、今この瞬間からでもはじめることができます。

また、日記はそれ自体がプライベートなものです。そもそも人に見せないことを前提としているので、仮に英語が正しくなかったり幼稚だったりしても、誰かにとがめられることはありません。もちろん、慣れてきたら正しい表現を身につけるよう注力することは必要ですが、はじめは、見よう見まねで自分の書きたいことを書いていくだけでOKです。身近な日記を「学習のツール」として利用することで、自然な形で毎日英語に触れる習慣をつくれるのが、英語日記の大きなメリットなのです。

◆ 学習は自分のペースでOK

日記にルールはありません。自分の書きたいことを好きなように書くだけですから、どんなことを、いつ、どこで、どのくらいの文量で書くか、すべて自由に決められます。

何を書けばいいかわからない場合は、使えそうな例文を書き写すだけでも大丈夫。また、時間のない日に書くことができなければ、数日分をいっきにまとめて書いてしまってもかまいません。忙しい人にも、自分の学習ペースがつくりやすい学習方法なのです。

◆英語日記なら、身近な「よく使う表現」から増えていく！

　日々のできごとや感じたことを「これ、英語で何て言うんだろう？」と、調べながら日記に書き続けるうちに、自然と身の回りのさまざまなことを英語で表現できるようになります。

　また、日ごろから手を動かして書いている表現はあなたの活きた語彙として、実際の英会話でも口から出てきやすくなるため、英会話の基礎力を養うことにもなるのです。

◆英語に対するアンテナが敏感になる

　日記に書いた英語表現に自信が持てないこともあるかと思います。そういう場合でも、まずは書いておきましょう。それだけで、英語へのアンテナがピンと張った状態になり、気になる表現を見たり聞いたりしたときに、必要な情報をキャッチしやすくなります。たとえば、私が留学していたときのこと。そのころの私は、-ed形と-ing形の形容詞の使い分けがよくわからず、「今日は退屈だった」をI was boring today.と書いていた時期がありました（正しくは、I was bored today.、または、Today was boring. です）。そんなある日、ふとラジオから聞こえてきた、I was so bored. という表現がすっと耳にとまりました。特に意識していたわけでもなかったのに……。

　このように、英語日記を書くという行為で英語に対するアンテナが敏感な状態になり、身近な英語表現をより吸収しやすくなるのです。

英語日記ってどんなもの？

◆ルールなしの自由な学習法

「英語日記」とは、文字どおり「英語で書く日記」のことです。その日のできごとや体調、感じたことを記したり、予定していること、それに対する気持ちや意気込みを書いたり、今チャレンジしたいことやハマっていること、最近の習慣などを書きとめておいたりと、どんなことでも、いつのことでもOKです。書き方や書く文量、そして頻度にも決まりはないのです。

◆英語でつくる自分史

また、英語日記の醍醐味は、これ以上ない自分史をつくれることではないでしょうか。私の英語日記歴は現在25年ですが、平凡な日常から心に残るできごとまで、さまざまな思い出がいっぱい詰まっています。長く続ければ続けるほど、いろいろな時代の自分を思い返すことができるのは楽しいものです。

◆英語力の上達を客観的に見られるものさしにも

そして、長く続けるうち、自分の英語力の上達を客観的に見られるのも、この英語日記の面白いところ。最初はたどたどしい英語で書いていた日記も、続けるうちに表現がこなれて、正しい英語で書けるようになっていきます。そういった意味では、最初から完璧な英語で書こうと気負う必要はなく、今のあなたに表現できるありのままの英語で書いておけばよいのです。後から読み返したとき、自

分の英語力がどのように上達していったかをたどることで、自分自身の成長が客観的に見られます。

どんな日記帳を使えばいいの？

　書店や文具店にはさまざまな日記帳が並べられています。種類が多くて迷ってしまうかもしれません。基本的には、自分の気に入ったもの、たとえば、好きなメーカーや好みのデザインで選ぶと、日記帳を手にするたびにテンションが上がってよいですね。特別こだわりがない場合は、「これなら続けられそう」という視点でセレクトしてみてはいかがでしょうか。

　私が25年もの間、1日も欠かさずに日記を書き続けてこられたのは、5年連用日記帳のおかげです。留学のため渡米する前日、父の友人から5年連用日記帳をプレゼントされたのがきっかけでした。日記帳には、すでに年月日が印刷されており、性格的に空欄をつくるのがいやで、（数日分をまとめて書くこともありますが）すべての欄を埋めています。1冊書き終えると次も5年連用日記帳を購入し、この繰り返しで現在に至ります。

　ですが、逆にそれが苦痛という人もいるでしょう。そういう人は、日付の入っていない日記帳をおすすめします。毎日書く、週末に1週間を振り返って書く、書きたいときだけ書くなど、頻度を自分で決められる気楽さがあります。日記は、長い目で見て継続することが大切で、それは毎日の積み重ねの結果でなくても、自分のペースで無理なく継続すればいいのです。

日記帳を選ぶ際に、自分のライティングの特徴を知っておくことはとても有効です。ふだん大きめの字を書く人にとっては、罫線の幅が狭いと書きづらいものです。家だけでなく、オフィスやカフェ、図書館、旅行先など、思ったときにパッと書きたい人には、かさばるタイプの日記帳は持ち歩きにくいかもしれません。また、書くことがあまり得意でない人にとっては、1日分のスペースが大きいと、プレッシャーに感じたりします。このような自分の特徴も頭の片隅に入れて、お気に入りの1冊を探してみるとよいですね。

　日記帳を用意して臨むほどの自信がないという人は、手帳を利用するのも一つの方法です。予定の横に感想や意気込みを添えたり、特別な予定が入っていない空欄日には、その日に食べたものや見たテレビ番組、願望などを書いてみるなどして、不定期に日記を書いてみることから始めるのもよいと思います。

　日記は続けることが大切です。自分の性格やライティングの特徴も考慮に入れて、お気に入りの1冊、続けられそうな1冊を選んでみてくださいね。

　写真はこれまでに書いた、私の5年連用日記帳です。5年連用日記帳は1日分が4〜5行のスペースになっています。ほかにも、3年タイプや10年タイプもあります。連用日記帳に興味のある人は、自分にあった文量と続けたい年数によって選んでみては？

「日付」の書き方

　日記に欠かせないものといえば、「日付」ですね。英語で日付を書くとき、アメリカ式の英語では、「月日, 年」「月日」「曜日, 月日」などと表すのが一般的です。たとえば、「2016年1月5日 火曜日」の場合は次のように書きます。

- 2016年1月5日　　→　　January 5, 2016
- 1月5日　　　　　→　　January 5
- 1月5日（火）　　 →　　Tuesday, January 5

　月と曜日は、最初の文字を大文字にします。これらを短縮形で表すときは、直後にピリオドを書きます。

《**月**》 ※5～7月はあまり短縮しません。

- 1月：January (Jan.)
- 2月：February (Feb.)
- 3月：March (Mar.)
- 4月：April (Apr.)
- 5月：May
- 6月：June
- 7月：July
- 8月：August (Aug.)
- 9月：September (Sep. / Sept.)
- 10月：October (Oct.)
- 11月：November (Nov.)
- 12月：December (Dec.)

《**曜日**》

- 月曜日：Monday (Mon.)
- 火曜日：Tuesday (Tue. / Tues.)
- 水曜日：Wednesday (Wed.)
- 木曜日：Thursday (Thu. / Thurs.)
- 金曜日：Friday (Fri.)
- 土曜日：Saturday (Sat.)
- 日曜日：Sunday (Sun.)

「天気」について

　日記には「天気」もつきもので、日付の横にその日の天気を書くことが多いものですが、じつは、日記に天気を書きとめる欧米人はあまりいません。

　日本人は昔から季節の変化に敏感で、現代でも二十四節気を重んじ、俳句には季語を入れ、人と出会えば「いいお天気ですね」「寒くなりましたね」「よいお湿りですね」などと天気を話題にすることが多々あります。夏休みの宿題の絵日記にも、必ず天気を記録していましたね。

　一方、欧米人はどうかというと、彼らの中にはDear diaryで日記を始める人がいます。もともと、『アンネの日記』のアンネが日記の書きはじめに用いていたようで、直訳は「親愛なる日記へ」。これは、友だちに手紙を書く感覚で、自分に話しかけるように日常のあれこれを綴る意味合いが込められています。

　このような違いはあるものの、実際に天気を書くかどうかは個人の自由でよいと思います。学習の一環ととらえ、英語で天気を書き込むのもよいでしょう。beautiful（快晴）、cloudy（くもり）、torrential rain（ゲリラ豪雨）、chilly（肌寒い）、hot and humid（蒸し暑い）などと毎日書くうちに、天気に関する語彙が増えていきます。もちろん、晴れた日は太陽のマーク、雨の日は傘マーク、雪の日は雪だるまを描くなど、自分流にアレンジしてもよいですね。

何を書けばいい？

　平凡な毎日で、日記に書くことがない！——そんなふうに、「特別なことを書かないといけない」「たくさん書かないといけない」などと、自らハードルを上げる必要はありません。天気や体調のこと、読んだ本や見たテレビ番組など、一見なんでもないようなことを1〜2行書くだけで大丈夫です。毎日書くうちに、日々の生活から日記の素材を見つけやすくなったり、文が具体的になっていったりします。

　たとえば、最初はI'm tired.（疲れた）という短文だったのが、次第に、I'm tired from walking for 6 km.（6キロ歩いて疲れた）と理由を添えられるようになったり、I should go to bed early tonight.（今夜は早めに寝たほうがいいかも）やI need to do more exercise.（もっと運動しなくちゃ）などと別の文を続けたりして、日記が少しずつ長くなっていきます。

　「英文の組み立てが難しい」と感じる人は、日記の表現集や例文が豊富な辞書を参考にし、まずは、書きたいことをそのまま書き写すことからはじめてみましょう。英文の感覚がつかめてきたら、単語を入れ替えたり、時制を変えたりして応用します。本書のChapter 2で紹介している構文を利用すると、英文が書きやすくなります。こうして文法力がついてくると、自分の思うような日記が書けるようになります。

　「特別なことを書かなくちゃ」と、気張らなくて大丈夫です。まずは、平凡な日常から書きはじめてみましょう。

どう表現したらいいかわからないときは？

　英語日記をすらすらと書けるようになるまでは、頭の中にある日本語を英語に直す、というプロセスを踏むことになります。辞書で単語を調べたり、本で文法を調べたりしながら書きたいことを英語で書いていくわけですが、自力ではどうしても表現できない文もあるかと思います。そういうときは、以下の4つの方法を試してみてください。

① ニュアンス語は、ほかの表現に置き換える・または省く

　たとえば、「何がなんでも勝ちたい！」と書きたいとき。表現例としては、I want to win no matter what. などとなりますが、自力では「何がなんでも」をどう表したらよいかわからない場合があると思います。そんなときは、ほかの表現に置き換えられるかどうかを考えてみましょう。その際、小さな子どもでも理解できる表現を探すのがポイントです。そうすることで、表現をより英語にしやすくなります。この場合は一例として、「何がなんでも勝ちたい」を「すごく勝ちたい」と置き換えることができますね。

　これなら、I really want to win. と簡単に表現できます。それでも置き換える表現が思い浮かばないときは、I want to win. と「何がなんでも」を潔く省いてしまいましょう。

　このようなニュアンス表現は、省いても十分に伝わる場合が多いものです。そこにこだわってペンが進まないよりは、妥協してでも書いておきましょう。そのほうが、ストレスなく日記を続けられます。

② 見方を変えてみる

　書きたい表現がうまく思い浮かばないときは、見方を変えてみるのも有効です。たとえば、「まだ風邪が治らない」(My cold hasn't gotten better yet.) と書きたい場合には、現在完了形の知識がないと、このような表現がパッと思い浮かばないかもしれません。では、ここで見方を変えてみるとどうでしょうか。「まだ風邪が治らない」は、「今でも風邪をひいている」ということですから、still（まだ）を使って、I still have a cold. とすれば、現在完了形を使わなくても表せますね。

　「医師にインフルエンザと診断された」(I was diagnosed with the flu.) のような文も同様です。「医師が、私はインフルエンザにかかっていると診断した」というように見方を変えれば、受け身を使わずに表現することができますね。「診断した」という単語が難しければ、「言った」で代用しましょう。すると、The doctor told me that I had the flu. というように、比較的簡単な英語で表現できます。

　このように、柔軟な頭で考えると様々な表現が可能になります。

③ 複雑な文を短文に分ける

　たとえば、「川端康成が『伊豆の踊子』を書いた湯本館に宿泊した」という文は、英語力のある人なら、I stayed at Yumotokan where Yasunari Kawabata wrote The Izu Dancer. と書けますが、関係詞の使い方がいまひとつわからないと、何から書けばよいか迷ってしまうと思います。このような複雑な文の場合は、短文に分けて考えると、知っている英語で表しやすくなります。たとえば、I stayed at Yumotokan. Yasunari Kawabata wrote The Izu Dancer there. という具合です。

このように、日本語の文が複雑だったり長かったりして、それを1文で表すのが難しい……というときは、いったん英語を複数の文に分け、シンプルにしてから英語にしてみましょう。

④ 日本語で書いておく

がんばってみたけれど、どうしても英語で表現できないという部分は、日本語で書いておけばOKです。英文の中に日本語の単語を入れてもいいですし、1文まるまる日本語で書いた文が混在していてもかまいません。それはそれで、後から日記を読み返したときに、当時書けなかった表現がその後書けるようになっていく成長が見られてうれしいものです。

もしも日本語で書いておいた表現を英語でどう表すかがわかった場合には、それを付箋紙に書いて日本語の近くに貼っておくとよいでしょう。

しつこいようですが、最初から完璧な英語で表現できなくてもよしとする気持ちも大切です。そうすることで日記を継続しやすくなりますし、間違いもたどたどしさも、時間がたてばかわいく思えるもの。過去の日記を読み返したときに、自分の英語の成長ぶりを見る楽しみとして、ありのままの英語で書いておくのもおつなものですよ。

日記で確実な英語力アップを目指すには？

　英語日記は人に見せることがないため、間違った英語や幼稚な表現であっても気にしなくてよいという気楽さがある一方で、「そのような英語で書き続けて、本当に英語力アップの効果があるの？」と疑問に思う方もいるかもしれません。「それでも英語力はアップします！」というのが、長きにわたって英語で日記を書いてきた私の答えです。もちろん個人差はありますから、もしもあなたが短期で英語力のアップを目指したいという場合は、身近な誰かに添削してもらうのをおすすめします。

　英語力の高い友人や学校の先生など、英語のわかる人が身近にいれば、日記をチェックしてもらいましょう。もし近くに頼れる人がいない場合は、SNS（ネット上の交流サイト）を利用するのも1つの手です。たとえば、TwitterやFacebookなどを使って英語ネイティブに添削の協力を呼びかけてみると、意外と気楽に応じてくれたりします。また、Lang-8というSNSも役立ちます。Lang-8は、さまざまな国のネイティブが、添削で協力し合いながらお互いに語学力を高めていくという交流サイトです（英語だけでなく、すべての言語に対応しています）。たとえば、あなたが書いた英語日記を英語ネイティブが添削してくれたら、そのお礼に、今度はあなたが相手の書いた日本語日記を添削してあげる……というような使い方ができます。

　じっくりと時間をかけて英語力の向上を楽しむのもよいですが、添削してもらう環境が整えば、通常よりも速いスピードでの英語力アップが望めるでしょう。

Column 1

英語日記は
英会話でも役立つ！

　書く「英語日記」と、話す「英会話」——これらは一見、違うものであると切り離して考えがちですが、実は密接に関係しています。

　たとえば英会話レッスンなどで、What did you do last weekend?（先週末は何をしましたか？）などと質問すると、英語日記を書く習慣がある生徒さんのほうがサッと答えることができます。それは、英語でアウトプットするための筋肉が、「書く」という行為によっても鍛えられているからです。英語で「書く」習慣を続けることで、英語を「話す」ときにも、自分の言いたいことをスムーズに出し入れできるようになるというわけですね。

　また、英語日記を続けている生徒さんは、「会話」で学んだ表現を「日記」に取り入れたりもしますから、「書く」と「話す」の相乗効果で、表現力の幅がぐんぐんと広がっていくのも見てとれます。

私自身においても、日記で多用している表現が会話で活かされた経験は幾度もあります。たとえば、アメリカ留学中に知り合いの結婚式に招待されたときのこと。異国の結婚式ははじめてで、慣習がさっぱりわかりません。そんなとき、口をついて出てきたのが、I don't know what to wear. Can you give me advice?（何を着ればいいかわからないの。アドバイスをくれる？）という表現でした。英語力に乏しかった当時の私は、I didn't know what to say.（何と言えばいいかわからなかった）やI didn't know how to explain it.（それをどう説明すればいいかわからなかった）という文を日記で多用していました。これらをベースにした応用表現で、スムーズに会話できた瞬間でした。

　このように、普段から使っている表現は頭に定着しやすく、会話で役に立つことも多いもの。英語日記を活用した勉強法は、英会話の上達にも非常に有効なのです。

Chapter 2

英語日記でよく使う表現を身につけよう！

プーさんたちと一緒に、
英語日記に役立つ頻出40パターンをマスター！

—— Let's Learn the Useful Patterns for Writing a Diary in English

英語日記の書き方やメリットを知っていただいたところで、

次は「英語日記によく使う表現のパターン」を

インプットしてしまいましょう。

パターンの ☐ 部分に必要な単語やフレーズをあてはめるだけで、

英語日記だけでなく、英会話などのあらゆるシーンで

「自分の言いたいこと」を表現するのに役立つ便利な表現を集めました。

短いストーリーを読むのは一見すると遠まわりに思えるかもしれませんが、

映画やドラマ、小説や絵本などといった英語コンテンツの中から、

「日常に活かせそうな表現を見つけて自分のものにする」という

習慣づけにもなりますよ。

それでは、プーさんたちに癒されながら、楽しく学んでいきましょう！

Scene 01
どんぐりぼうしの使いみち

チェッカーというボードゲームで遊ぶために、オウルが、なくなってしまった駒の代わりにどんぐりのぼうしをセットしています。

> "Those would be just the thing to make new checkers for my checkers set," Owl said. "Most of mine rolled through the cracks and bounced out the windows when I played checkers with Tigger over the winter."

「これなら、わしのチェッカーゲームの駒にちょうどぴったりじゃ」とオウルは言いました。「もともとあった駒は、冬の間にティガーとチェッカーゲームで遊んでいたときに転がって床のすきまに落ちてしまったり、窓の外へ飛び出していってしまったりしたんじゃよ」

Words

◆would／おそらく～だろう　◆just the thing／うってつけのもの　◆checkers／チェッカー（ボードゲームの名前）　◆rolled through／roll through（～を転がっていく）の過去形　◆cracks／割れ目（複数形）　◆bounced／bounce（跳ねる）の過去形

❶ (遊びやスポーツ、楽器など) 〜をした。/〜を弾いた。

I played ☐ .

These all fit!
あてはめるだけ！

トランプ	cards
百人一首	hyakunin isshu
将棋	shogi
チェス	chess
ゴルフ	golf
キャッチボール	catch
テニス	tennis
ビーチバレー	beach volleyball
バドミントン	badminton
ピアノ	the piano
バイオリン	the violin

mini lesson

●トランプなどの娯楽やバドミントンのようなスポーツをしたり、ピアノなどの楽器を弾いたりしたときは、I played ☐. と表します。playを用いるスポーツはテニスなどの球技です。また、スポーツ名にはaやtheをつけません。楽器の場合は、theをつけるのがふつうです。with ~（〜と一緒に）や this afternoon（今日午後に）などを続けて、だれと、いつ、それをしたのかを表してもよいでしょう。

【こんな感じで書きます】 I played hyakunin isshu with my family during the New Year's holidays. I only got three cards, but that didn't matter. I'm glad I had a good family time.
正月休みに家族と百人一首をした。私は3枚しか取れなかったけど、気にしないわ。楽しい家族の時間を過ごせてよかった。

Scene 02
調子はどうかな

最近雨が降らないから、お気に入りの木が心配で見に来たと言うプーとともに、ラビットはその木の様子をうかがいに行くのですが……。

I went to look at the tree with Pooh. I walked around the trunk several times, muttering to myself. Then I backed up and squinted at the tree from a distance.

わしは、プーと一緒に木を見に行った。そしてぶつぶつとひとりごとを言いながら、木の周りを何周かした。それから少し下がって目を細めて、遠くから木を眺めたんじゃ。

Words

◆trunk／(木の)幹　◆muttering to myself／mutter to oneself(ぶつぶつひとりごとを言う)のing形で、oneselfにmyselfを入れた形　◆backed up／back up(後退する)の過去形　◆squinted／squint(目を細くして見る)の過去形　◆from a distance／遠くから

❷ ～しに行った。

I went to ⬜ .

These all fit!
あてはめるだけ！

ボウリングをする	bowl
カラオケをする	sing karaoke
映画を観る	see a movie
ミュージカルを観る	see a musical
祖父母に会う	see my grandparents
高校時代の友人に会う	see friends from high school
松江城を訪れる	visit Matsue Castle
花見を楽しむ	enjoy cherry blossoms
洋服を買う	buy some clothes
カフェで彼女と話をする	talk with her in a cafe
文化会館で講義を聞く	listen to a lecture at the cultural hall
図書館に本を返却する	return the books to the library

mini lesson

● 場所ではなく、行動を主にして「～しに行った」というときは、I went to ⬜. と表します。この to は「～するために」「～しに」を表す to 不定詞で、後ろに動詞の原形を続けます。行為をした場所は「～でそれをした」と考えて、at や in を使い、at a department store（デパートで）や in Osaka（大阪で）などと表します。

【こんな感じで書きます】I went to see Mari and her new born baby in the hospital today. He had big eyes and was adorable. He made me want to have one, too.
今日、マリと生まれたばかりの赤ちゃんに会いに病院へ行った。赤ちゃんは目が大きくてかわいかった。私も赤ちゃんが欲しくなった。

Scene 03
それの名前は?

家への帰り道、イーヨーはラビットとぶつかってしまいます。

"I'm terribly sorry," Eeyore said. "I don't know how I overlooked you with all of those—those—ummmm ..."
"They're patches. And pockets. And this one is a kerchief," Rabbit said proudly. "Kanga gave them to me."

「本当にごめんよ」イーヨーは言いました。「どうして気づかなかったのかわからないよ……君とそれ……それ……ええと……」
「これはつぎあてじゃよ。それにポケットもな。それと、これはハンカチだ」ラビットは自慢げに言いました。「カンガがくれたんじゃ」

Words

- ◆ terribly ／ものすごく   ◆ overlooked ／overlook(〜に気づかない)の過去形
- ◆ patches ／つぎあて(複数形)   ◆ kerchief ／ハンカチ   ◆ proudly ／自慢げに

❸ 彼が / 彼女が私に〜をくれた。

He / She gave ☐ to me.

These all fit!
あてはめるだけ！

手紙	a letter
誕生日カード	a birthday card
本	a book
ハンドクリーム	a tub of hand cream
靴下1足	a pair of socks
誕生日プレゼント	a birthday present
とびっきりの笑顔	a big smile
お礼の言葉	a word of thanks
かわいいしおり	a cute bookmark
手作りのクッキー	some homemade cookies
「ライオンキング」のチケット2枚	two tickets to Lion King
ベルギー土産のチョコ	some chocolate from Belgium

mini lesson

- もらった物は贈り主を主語にして、人 gave ☐ to me. と表すことができます。空欄には物を入れましょう。「〜をプレゼントしてくれた」という場合も、gave で表します（presented は誤り）。
- 上記は〈gave 物 to 人〉と表していますが、〈gave 人＋物〉の語順も可能です。ただし、物が代名詞（it や them）の場合は、〈gave 物 to 人〉の語順のみ有効です（gave me it は×）。

【こんな感じで書きます】Yuki-chan gave a pair of gloves to me for Christmas. They looked very stylish and I loved them. They'll make my hands and heart warm.
ユキちゃんがクリスマスに手袋をくれた。とてもおしゃれで気に入った！　これで手も心も温かくなるなあ。

Scene 04
手がふさがって……

大掃除の時期。プーははちみつのつぼを外へ運び出します。

"Hello, Pooh," Kanga said waving. "What are you doing?" "Helloooo," answered Pooh. He <u>tried</u> to wave back, but the pot teetered wildly and he had to use both hands to keep it from falling.

「こんにちは、プー」とカンガが手を振りました。「何をしているの？」「こんにちはあああ」とプーが答えます。手を振りかえそうとしたのですが、つぼがぐらりと大きくかたむいたので、落とさないよう両手でおさえなければなりませんでした。

Words
◆ wave ／手を振る　◆ pot ／つぼ　◆ teetered ／ teeter（ぐらつく）の過去形
◆ wildly ／激しく　◆ falling ／ fall（落ちる）の ing 形

❹ 〜しようとした。/〜をやってみた。

I tried ▭ .

These all fit! あてはめるだけ!

彼女に話しかける	to talk to her
いつもより早く家を出る	to leave home earlier than usual
落ち着きを保つ	to stay calm
服の衝動買いをしない	not to buy clothes on impulse
カッとならない	not to lose my temper
乗馬	horseback riding
パン作り	bread baking
生け花	flower arranging
巡礼	a pilgrimage
高速道路の運転	driving on the expressway

mini lesson

- がんばったこと、努力したことは、I tried [to＋動詞の原形]. と表します。がんばったことのみを表し、実際にできたかどうかははっきりしていません。そのため、「しようとしたけれど、できなかった」という場合は、but 〜を続けるのが一般的です。「〜しないようにした」という否定は、I tried not to [not to＋動詞の原形]. としましょう。
- また、I tried [名詞]. だと「〜をやってみた、〜に挑戦してみた」を表せます。この場合は、for the first timeは「はじめて」と一緒に用いるとよいでしょう。

【こんな感じで書きます】 I tried to catch the 7：00 train, but the doors were closed in my face. I should leave home with time to spare from now on.
7時の電車に乗ろうとしたけれど、目の前でドアが閉まってしまった。これからは時間に余裕を持って家を出ないとダメだな。

Scene 05
すてきな時間

ピグレットのお庭ではじまったお茶会は、みんなそれぞれ楽しそうです。

Kanga was chatting about her new planter to Tigger. Owl was playing checkers with Roo. And absolutely everyone seemed to be **enjoying** Piglet's delicious haycorn muffins — especially Winnie the Pooh.

カンガは、新しい植木鉢についてティガーにおしゃべりしていました。オウルはルーとチェッカーゲームをしています。間違いなく誰もが、ピグレットのとてもおいしいどんぐりマフィンを楽しんでいました。なかでも、プーは特に大満足でした。

Words

- ◆chatting／chat（おしゃべりする）のing形　◆absolutely／間違いなく
- ◆seemed to／seem to（〜のように見える）の過去形　◆haycorn／どんぐり（acornの変形）
- ◆muffins／マフィン（複数形）　◆especially／特に

❺ ～を楽しんだ。

I enjoyed _____ .

These all fit! あてはめるだけ！

旅行	the trip
夕食会	the dinner
バイオリンのコンサート	the violin concert
高校の同窓会	the high school reunion
すばらしい眺め	the wonderful view
買い物	shopping
ラフティング	rafting
彼らとのおしゃべり	talking with them
彼女との料理	cooking with her
彼女とのメールのやりとり	emailing with her
お互いをもっと知ること	getting to know each other better

mini lesson

●楽しかったできごとは、enjoyed（～を楽しんだ）を使って表します。左の例文ではenjoyingを使って表していますが、ここでは日記でよく用いる、I enjoyed 名詞 . の形を学習しましょう。この名詞は、動名詞（動詞をing形にして「～すること」という意味を持たせたもの）でもOKです。文末にvery muchやa lotを加えると、「～をすごく楽しんだ」→「とても楽しい～だった」を表せます。ちなみに、できごとを述べた後で「（それは）楽しかった」と表現するときは、I enjoyed it. とします。itを忘れないように気をつけましょう。

【こんな感じで書きます】 Alisa and I enjoyed cherry blossom viewing at Hirosaki Castle. It was fantastic!
アリサちゃんと弘前城で花見を楽しんだ。見事だった！

Scene 06
カンガのおさそい

庭の掃除をしていてつなぎに穴があいてしまったラビットに、カンガが話しかけています。

"Well, when you're finished brushing your tail, why don't you come to my house," Kanga said kindly. "I can sew patches on those coveralls for you."

「じゃあ、しっぽのブラシがけが終わったら、うちへ来ない?」とカンガが親切に言いました。「そのつなぎにつぎをあててあげるわ」

Words

◆brushing／brush（ブラシをかける）のing形　◆tail／しっぽ　◆Why don't you ~?／〜しない?、〜しませんか?　◆kindly／親切に　◆sew／〜を縫いつける　◆patches／つぎあて（複数形）　◆coveralls／つなぎの作業服

❻ ～し終えた。

I'm finished ☐.

These all fit! あてはめるだけ！

セーターを編む	knitting the sweater
ケーキを焼く	baking a cake
本棚を直す	fixing the bookshelf
荷造りをする	packing my suitcase
花を生ける	arranging flowers
おせち料理を作る	making osechi
床にワックスをかける	polishing the floor with wax
小説を読むこと	with the novel
企画書	with the proposal
正月用の飾りつけ	with the New Year's decoration

mini lesson

● 小説を読み終えたり、壊れたものを修理したりするなど、比較的時間のかかるものや大変なことを終えたときは、I'm finished 動詞のing形 . 、または、I'm finished with + 名詞 . と表します。この finished は「終わっている」「済ませている」という意味の形容詞で、be動詞と一緒に用いて「～し終えた」「～が終わった」を表します。finish（～を終える）の過去形を用いて、I finished ~. と書き換えることもできます。

●「やっと～し終わった」というニュアンスを出すなら I'm finally finished ☐. 、または、Now I'm finished ☐. 、「もう少しで～し終わる」の場合は、I'm almost finished ☐. とします。

【こんな感じで書きます】 I'm finally finished with the New Year's decoration. Now I'm ready to welcome my guests!
ようやく正月の飾りつけが終わった。これで、お客様を迎える準備万端！

Scene 07
カラフルな川の原因は…

川のあちこちがカラフルに染まっている謎の原因を追っていたプーたちは、絵の具を広げたまま眠ってしまっていたティガーを見つけました。

"I'll never paint another picture."
"The picture-painting isn't the problem," Owl said.
"It's that you weren't careful," explained Roo. "That's how you ended up accidentally painting nature, too."

「もう二度と絵は描かないよ」(とティガーが言います)
「問題は絵を描いたことではない」とオウルが言いました。
「問題は、きみが気をつけてなかったことだよ」とルーが説明しました。「だから自然にまで色を塗るはめになっちゃったんだ」

Words

◆paint ／～を描く　◆It's that ～ ／問題は～ということだ　◆careful ／注意深い
◆explained ／ explain(説明する)の過去形　◆accidentally ／うっかり
◆nature ／自然

❼ つい〜してしまった。

I ended up ⬚ .

These all fit! あてはめるだけ！

遅くまで起きている	staying up late
食べ過ぎる	eating too much
化粧を落とさずに寝る	going to sleep without taking off my make-up
タクシーで帰る	taking a taxi home
いらないものまで買う	buying something unnecessary
今月は10万円も使う	spending as much as 100,000 yen this month
何もしない	doing nothing
彼に気持ちを打ち明けない	not telling him how I feel about him
彼女に謝らない	not apologizing to her
今週は運動をしない	not doing exercise this week

mini lesson

● 自分の意思や予定に反して「つい〜してしまった」「結局〜してしまった」「気がついたら〜していた」と述べるときは、I ended up 動詞のing形 . と表します。「そうするつもりではなかったのに誘惑に負けて〜してしまった」「そうしたくはなかったのに〜するはめになった」というニュアンスで使います。「結局〜できずじまいだった」という否定は、I ended up not 動詞のing形 . と表します。

【こんな感じで書きます】 I went to an all-you-can-eat restaurant. I ended up eating too much again. (sigh)
食べ放題のレストランに行った。つい、また食べ過ぎてしまった。(ハ〜)

Scene 08 ラビットのブラッシング

ラビットがお庭を掃除していたら、しっぽにアザミのとげがついてしまいました。

Rabbit <u>brushed and brushed</u> until every thistle was pulled out, along with quite a bit of soft, puffy fur from his tail.

ラビットは、アザミのとげがぜんぶ取れるまでひたすらブラシをかけました。アザミと一緒に、しっぽのやわらかくてふわふわした毛もたくさん抜けました。

Words

- brushed ／ brush（ブラシをかける）の過去形　◆ thistle ／ アザミ
- was pulled out ／ be pulled out（引き抜かれる）の過去形
- quite a bit of ／ たくさんの〜　◆ puffy ／ ふわふわの　◆ fur ／ 毛　◆ tail ／ しっぽ

❽ ～しまくった。/ ～し続けた。

I [　　　　] and [　　　　].

These all fit!
あてはめるだけ！

とにかく歩いた	walked and walked
話しまくった	talked and talked
働きまくった	worked and worked
歌いまくった	sang and sang
大笑いした	laughed and laughed
大泣きした	cried and cried
食べまくった	ate and ate
飲みまくった	drank and drank
猛練習した	practiced and practiced
猛勉強した	studied and studied
考えに考えた	thought and thought
愚痴を言いまくった	complained and complained

mini lesson

●繰り返し行った行動や、し続けた行為を述べるときは I [動詞の過去形] and [動詞の過去形]. と、同じ動詞を続けて表します。これで「～しまくった」や「～し続けた」といったニュアンスになります。動詞を重ねることで、これでもかというくらい、その行為を続けたことを強調できます。さらに強調して、I talked and talked and talked. のように、同じ動詞を3つ繰り返すこともあります。

【こんな感じで書きます】I waited and waited, but the bus didn't come. Then I realized I read the weekday timetable. I ended up waiting for the next bus for 1 hour.
待っても待ってもバスが来なかった。そして、平日用の時刻表を見ていることに気づいた。結局、次のバスまで1時間待つ羽目になった。

Scene 09 不機嫌なとっつぁん

ルーとティガーは、連れ立って川へと向かっています。

Roo and Tigger passed Rabbit's house <u>on the way</u> to the stream. Rabbit was leaning on a rake in his garden, looking sweaty and cross.

ルーとティガーは、川へ向かう途中にラビットの家の前を通りました。ラビットは庭で熊手に寄りかかっていましたが、汗をかいて不機嫌そうでした。

Words

- passed ／ pass（〜を通り過ぎる）の過去形   ◆ on the way to ／〜へ行く途中
- leaning on ／ lean on（〜に寄りかかる）の ing 形   ◆ rake ／熊手
- sweaty ／汗まみれの   ◆ cross ／ご機嫌ななめの

❾ 〜の途中、…した。

I [①] on the way [②] .

あてはめるだけ！①

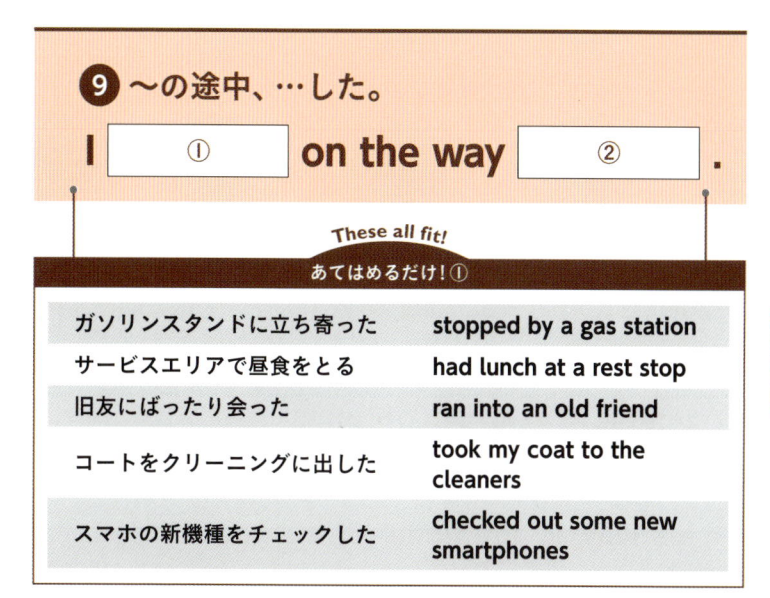

ガソリンスタンドに立ち寄った	stopped by a gas station
サービスエリアで昼食をとる	had lunch at a rest stop
旧友にばったり会った	ran into an old friend
コートをクリーニングに出した	took my coat to the cleaners
スマホの新機種をチェックした	checked out some new smartphones

あてはめるだけ！②

仕事へ行く	to work
駅に向かう	to the station
顧客のところから帰る	from the client's place
帰宅する	home
おばあちゃんの家に行く	to my grandma's house

mini lesson

●ある場所へ向かう途中、あるいは、ある場所から帰る途中にしたことを述べるときは、I 動詞の過去形 on the way to / from 場所 . と表します。「〜へ向かう途中」ならto を、「〜から帰る途中」なら from を使います。ただし、帰宅途中の場合は、toやfromを用いないで、homeだけでOKです。このhomeは「家へ」という意味の副詞だからです。

【こんな感じで書きます】I ran into Naoto on the way to the station, and chatted for about 10 minutes. He looked lively.
駅に向かう途中、ナオトにばったり会い、10分ほどおしゃべりした。彼はいきいきしていた。

Scene 10
風の強い日

ピグレットは親友であるプーの家へと向かっています。

It was a brisk, bright, blustery **day** in the Hundred-Acre Wood. Piglet was pushed this way and that by the wind as he made his way to the home of his good friend, Winnie the Pooh.

今日の100エーカーの森は、さわやかでよく晴れた、風の激しい日でした。親友のプーの家へ向かうピグレットは、風に吹かれてあっちへよろよろ、こっちへよろよろしています。

Words

- ◆brisk／すがすがしい　◆bright／（天気が）うららかな
- ◆blustery／風が激しく吹く　◆Hundred-Acre Wood／100エーカーの森
- ◆made his way to／make one's way to（〜へ行く）の過去形で、one's に his を入れた形

⑩ (天気について) 〜の1日だった。

It was a [ ] day.

These all fit! あてはめるだけ！

晴れた	sunny
くもった	cloudy
雨の	rainy
雪の	snowy
暑い	hot
蒸し暑い	hot and humid
あたたかい	warm
じめじめした	humid
カラッとした	dry
寒い	cold
肌寒い	chilly
涼しい	cool
風が強い	windy
風が心地よい	breezy

mini lesson

● その日の天気について、「〜な日だった」と述べるときは、It was a [ ] day. と表します。空所に形容詞を入れましょう。dayを用いずに、It was [ ] today.（今日は〜だった）としてもOKです。It was warm today.（今日はあたたかかった）という具合です。いずれも主語にはitを用います。

【こんな感じで書きます】 It was a humid day today. The laundry is still wet.（sigh）
今日はじめじめした1日だった。洗濯物がまだ湿っぽい。（ハ〜）

Scene 11
色とりどりの……

カンガは何やら忙しそうです。いったい何をしているのでしょうか？

Kanga <u>was busy</u> sort<u>ing</u> through her sewing basket when Rabbit arrived at her house. She pointed to a small pile of brightly colored fabric scraps.

カンガがせっせと裁縫箱の整理をしていると、ラビットがたずねてきました。カンガは色鮮やかな布の切れはしの小さな山を指さしました。

Words

- ◆sorting／sort（〜を分類する）のing形　◆sewing basket／裁縫箱
- ◆pointed to／point to（〜を指さす）の過去形　◆pile／山
- ◆brightly colored／鮮やかな色の　◆fabric scraps／布の切れはし

⓫ ～していて忙しかった。

I was busy _____ .

These all fit! あてはめるだけ！

報告書をまとめる	writing the report
部屋の掃除をする	cleaning my room
朝食を作る	fixing breakfast
荷造りをする	packing my suitcase
結婚式の準備をする	preparing for my wedding
電話に出る	answering the phone
クレームに対応する	dealing with complaints
子どもたちの世話をする	taking care of my children
家事	with housework
仕事	with work
接客	with customers
会議ばかり	with meetings
クリスマスプレゼントの購入	with Christmas shopping

mini lesson

● 忙しさの理由は、I was busy _____. と表します。空所には動詞の–ing形のほかに、〈with＋名詞〉も入れられます。後者は「～で忙しかった」という意味ですが、–ing形か〈with＋名詞〉かで厳密に日本語訳で区別しなくてもokです。very busy（とても忙しい）としたり、all day（一日じゅう）を加えて忙しさを強調できます。

【こんな感じで書きます】I was busy cleaning my room all day. There were a lot of things to throw away. What a waste of money!
一日じゅう、部屋の掃除をしていて忙しかった。捨てるものがたくさん出てきた。お金の無駄だなあ！

Scene 12
落ち葉荒らしはだれだ?

「これは100エーカーの森で1番サクサクの葉っぱなんだ」とティガー。
なぜ知っているのかと聞かれると、「試したから」と答えますが……。

"First, I jumped in the leaf piles near Rabbit's garden ..."
"That was you?" Rabbit sputtered. "I spent days rak**ing** those leaves!"

「最初に、ラビットの庭の近くにあった落ち葉の山に飛び込んで……」
「あれはおまえさんだったのか?」とラビットが興奮してまくしたてました。「あの落ち葉をはき集めるのに、何日もかかったんだぞ!」

Words
- leaf piles ／ 葉っぱの山(複数形)
- sputtered ／ sputter(興奮した口調でしゃべる)の過去形
- spent ／ spend(〜を過ごす)の過去形
- raking ／ rake(〜をかき集める)のing形

⑫ 〜を…して過ごした。

I spent ☐ .

あてはめるだけ！ These all fit!

一日じゅう何もしないで	all day doing nothing
一日じゅうゆっくりして	all day relaxing
一日じゅう彼のことを考えて	all day thinking about him
一日じゅう読書をして	all day reading a book
一日じゅうネットをして	all day surfing the Net
何時間もテレビを見て	hours watching TV
週末は仕事をして	the weekend working
週末は勉強をして	the weekend studying
午前中はメールの返信をして	this morning replying to emails
午後は手紙を書いて	this afternoon writing a letter
今週は確定申告をして	this week filing my income tax return
休日は買い物をして	my day off shopping

mini lesson

●一日や一週間をどのように過ごしたかは、I spent ☐ . を使って表します。空所には〈時＋動詞の–ing形〉を入れます。この「時」は all day（一日じゅう）や the weekend（週末）、two hours（2時間）や my vacation（休暇）などです。

【こんな感じで書きます】 I spent all day watching TV today. I was lazy in a way, but that's ok. I always work so hard.
今日は一日じゅうテレビを見て過ごした。ある意味、怠けていたけど、まぁいいっか。いつもがんばって働いているんだから。

Scene 13
だだっこのルー

ひまだと騒いだ結果、お母さんのカンガにそれとなく部屋の掃除やお手伝いをするように言われたルーは、仕方なく出かけることにしました。

"There's nothing to do out here, either!" Roo called over his shoulder.
Then it was quiet. Kanga let out a huge sigh of relief.
Suddenly, Roo bounced into view outside the window. "I'm bored!"

「外にだって、何もすることなんかないよ！」ルーは振り返って言いました。
そのあとしばらくは静かになって、カンガはほっと一息つきました。
すると突然、ルーが窓の外で飛び上がりました。「つまんないよう！」

Words

- over his shoulder ／ over one's shoulder（振り向きざまに）の one's に his を入れた形
- quiet ／静かな ◆ huge ／大きな ◆ sigh of relief ／ほっとしたため息
- suddenly ／突然 ◆ bounced ／ bounce（跳ねる）の過去形 ◆ bored ／退屈な

⓭ (気持ちを表して) 〜だなぁ。

I'm ▢ .

These all fit!
あてはめるだけ！

うれしい	**happy**
悲しい	**sad**
がっかりした	**disappointed**
わくわくした	**excited**
驚いた	**surprised**
感動した	**touched**
感銘を受けた	**impressed**
魅了された	**fascinated**
困惑した	**confused**
こわい	**scared**
ぞっとした	**frightened**
いらいらした	**irritated**
気を悪くした	**upset**
恥ずかしい思いをした	**embarrassed**

mini lesson

●今の心境や気持ちを述べるときは、I'm 形容詞 . と表します。日記を書きながら、そのできごとが起きた時の気持ちを述べるなら、I was 形容詞 . と過去形で表します。感情の度合いは、veryやreally（いずれも「とても」の意）やa little（少し）、kind of（なんだか）などを形容詞の前に入れて表します。

【こんな感じで書きます】 Christmas is just around the corner. I'm kind of excited.
もうすぐクリスマス。なんだかワクワクする。

Scene 14
たずねた理由は……

思い立ってラビットのところへ来たプー。ところが、どうしてここに来たのかを忘れてしまいます。

> Pooh had to think quite hard for a moment, but then he remembered. "I'm here because <u>I'm worried</u> about my favorite tree," he said.

プーはしばらくのあいだ、いっしょうけんめい考えなければなりませんでしたが、ようやく思い出しました。「ぼくがここに来たのは、お気に入りの木のことが心配だからなんだ」

Words

- ◆quite／すごく、けっこう　◆for a moment／ちょっとの間
- ◆remembered／remember（思い出す）の過去形　◆worried／心配して、気がかりで
- ◆favorite／お気に入りの

⑭ ～が気がかりだ。

I'm worried ⬜ .

あてはめるだけ！ These all fit!

父の健康	about my father's health
日曜日の天気	about this Sunday's weather
テスト結果	about the test results
娘の身の安全	about my daughter's safety
地球温暖化	about global warming
息子の風邪がうつるのではないか	I might get a cold from my son
車酔いしないか	I get carsick
彼女の気が変わるのではないか	she changes her mind
授業について行けるかどうか	I can keep up with the class
飛行機に乗り遅れるのではないか	I might miss the plane

mini lesson

● 心配なこと、不安なこと、気がかりなことは、I'm worried ⬜ . を使って表します。「～のことが心配だ」と表現するなら about + 名詞 を、「～ではないかと心配だ」なら (that) 文 を空所に入れます。worried の前に、really (とても)、a bit (少し)、a little (少し) などの言葉を入れて、程度を表してもよいでしょう。

【こんな感じで書きます】 I'm not a big spender, but it's so hard to save up money. I'm worried about my future.
無駄遣いはしていないのに、なかなかお金がたまらない。将来が心配だなあ。

Scene 15
やさしいイーヨー

イーヨーがせっせと運んできた小さな木をみんなと一緒に植えています。

"You see, every spring this tree is covered with sweet-smelling blossoms. It always makes me feel, well, nearly cheerful. When I saw that the tree looked sad, I wanted to cheer it up."

「ほら、毎年春になると、この木が甘いにおいのする花にかこまれるでしょう。そうするといつも、まあ、少し元気になったような気がするんですよ。木がさみしそうに見えたから、元気づけてあげたかったんです」

Words

- ◆ spring／春　◆ is covered with／be covered with（～で覆われている）の現在形
- ◆ sweet-smelling／甘いにおいのする　◆ blossoms／花（複数形）
- ◆ cheerful／元気な　◆ cheer ~ up／～を元気づける

❶❺ それで〜(な気持ち)になった。

It made me ▢ .

These all fit! あてはめるだけ!

うれしい	happy
悲しい	sad
わくわくした	excited
退屈な	bored
がっかりした	disappointed
怒る	angry
眠い	sleepy
疲れた	tired
泣く	cry
大笑いする	laugh
にっこりする	smile
嫌な気持ちになる	feel bad
特別な気持ちになる	feel special

mini lesson

● あるできごとによって、自分の気持ちや体調が影響を受けたときは、It made me ▢ . を使って表します。このmadeは「人を〜にさせた」「人を〜な気持ちにさせた」という意味で、空欄にはhappyやhungryなどの形容詞や、feel goodなどの動詞の原形を入れます。

【こんな感じで書きます】 I helped Yada-san with his work, but he didn't give a word of thanks to me. It made me a little disappointed.
ヤダさんの仕事を手伝ってあげたのに、お礼のひと言がなかった。ちょっとがっかりした。

Scene 16
みんなで水やり

プーたちが、木に水をあげようとしています。

"Why don't we all do what we do best?"
"Eeyore is quite strong, so he can pull the full containers out of the stream," Kanga suggested.

「みんな、自分が一番得意なことをしたらどうかしら？」
「イーヨーは力持ちだから、水でいっぱいの入れものを川からくみ上げればいいわ」とカンガが提案しました。

Words

◆Why don't we ~?／～しませんか？　◆quite／けっこう　◆pull／～を引く
◆containers／容器、入れ物（複数形）　◆stream／川
◆suggested／suggest（提案する）の過去形

⓰ (人の性格を表して) 彼 / 彼女は〜だ。

He / She is ☐ .

These all fit!
あてはめるだけ!

いい人	nice
きさくな	friendly
愛想のない	unfriendly
話しやすい	easy to talk to
話しかけにくい	hard to talk to
口数の多い	talkative
えらそうな	bossy
謙遜な	humble
きびしい	strict
明るい	bright
根暗な	gloomy
寛大な	bighearted
プラス思考の	positive-minded
マイナス思考の	negative-minded

mini lesson

● 人の性格は、He / She is 形容詞 . と表します。できごとが起きた時の様子を述べるなら、He / She was 形容詞 . と過去形で表しましょう。左ページのように、程度はquite(けっこう)、very(とても)などを形容詞の前に入れて表します。

【こんな感じで書きます】I'll be working with Ishino-san on the next project. He's friendly and kindhearted. I can't wait to work with him.
次の企画でイシノさんとチームを組むことになった。彼は気さくで思いやりがある。一緒に働くのが楽しみだな。

Scene 17
足の生えた木箱?

自分の家の方へ向かって足の生えた木箱が近づいてくるのを見たピグレットは、思わず家のなかに隠れます。

"Hoo-hoo-hoo!" the crate shouted as it got closer. "Where are you?"
Piglet was **too** frightened **to** answer.

「おーい、おーい!」近づいてきながら、木箱が声を上げました。「どこにいるんだい?」
ピグレットはこわくて、とても返事などできませんでした。

Words

- crate／木箱
- shouted／shout(叫ぶ)の過去形
- got closer／get closer(近づく)の過去形
- frightened／こわがって

❼ とても～で…できなかった。

I was too ① to ② .

あてはめるだけ！①

疲れている	tired
忙しい	busy
うれしい	happy
恥ずかしい、内気の	shy
心配で	worried

あてはめるだけ！②

彼のメールに返信する	reply to his email
夕食を作る	make dinner
昼食をとる	eat lunch
そのことを話す	talk about it
眠る	sleep

mini lesson

- 「…するには～すぎだった」が直訳のこの構文は、「とても～で…できなかった」という意味で使います。①には形容詞を、②には動詞の原形を入れます。
- 主語をIにしたこの表現は、自分の気持ちや体調の結果、できなかった事柄を述べていますが、It was too cold to go out.（寒すぎて外出できなかった）のように、I以外を主語にして表すこともできます。The bag was too expensive for me to buy.（そのバッグは私には高すぎて買えなかった）のように、for me（私にとっては）を挿入して使うこともできます。

【こんな感じで書きます】 Hurray! I won 100,000 yen in the lottery! I was too excited to keep it secret from my boyfriend.
わーい！ 宝くじで10万円が当たった！ 興奮しすぎて、彼氏に内緒にしておけなかった。

Scene 18
ティガーのおさそい

つまんないよう！　と叫ぶルーのもとに、ティガーが飛び跳ねながらやってきて、川へ行こうとさそっています。

"Can I go with Tigger to the stream?" Roo shouted to Kanga on his next three bounces up to the window.
"Oh! Yes!" Kanga said. "**What** a good idea!"

「ティガーと一緒に川へ行ってもいい？」ルーは次に3回ジャンプして窓に飛び寄ると、カンガに叫びました。
「ええ！　いいわよ！」カンガが言います。「それはいいわね！」

Words

◆Can I ~?／〜してもいい？　◆stream／川　◆shouted／shout（叫ぶ）の過去形
◆bounces／跳ね上がり（複数形）

⑱ なんて〜な…でしょう！

What ☐ **!**

These all fit! あてはめるだけ！

大きな家	a big house
美しい女性	a beautiful woman
かっこいい車	a cool car
感動する話	a touching story
ツイている人	a lucky person
利口な生徒	a smart student
かわいい子猫	a cute kitten
つまらない一日	a boring day
てんてこ舞いの一日	a hectic day
うれしい驚き	a nice surprise
もったいない	a waste
面倒	a bother
偶然	a coincidence
言い訳	an excuse

mini lesson

●「なんて〜な…でしょう！」「すごく〜な…だなぁ！」という驚きや感動などの強い気持ちは、What 形容詞＋名詞 ！と表します。「なんて〜でしょう！」を表して、What 名詞 ！、とすることもあります。誰のことなのか、何のことなのかを具体的に表すために、〈What 〜 主語＋動詞！〉とすることもあります。

【こんな感じで書きます】 I had lunch with Misaki and Kouya. They were nice to each other. What a great couple they were!
ミサキ、コウヤ、私の３人でランチをした。２人はお互いを思いやっていた。すごくすてきなカップルだったなぁ！

Scene 19
イーヨーのおめかし

イーヨーがピグレットのところにやってきました。なんだかいつもと様子が違うようです。

"Something's different about you, Eeyore," said Piglet.
"I've gotten a little spruced up for spring," Eeyore said.
"How splendid!" Piglet said.

「いつもと何か違うね、イーヨー」とピグレットは言いました。
「春だから少しおめかししたんだ」とイーヨー。
「それはすてきだね！」ピグレットは言いました。

Words

◆different／違う、異なる　◆spruced up／おめかしした、身なりの整った
◆splendid／すてきな

⑲ なんて〜だろう！

How ☐ !

These all fit!
あてはめるだけ！

重い	heavy
軽い	light
（スピード、やることが）速い	fast
（スピード、やることが）遅い	slow
運がいい	lucky
運が悪い	unlucky
（値段が）高い	expensive
美しい	beautiful
豪華な	gorgeous
奇妙な	strange
頭がいい	smart
興味深い	interesting
こわい	scary
うれしい	happy

mini lesson

● 「なんて〜なんだろう！」「すごく〜だなあ！」という驚きや感動などの強い気持ちは、How 形容詞 ! と表します。前項の What 〜! とは異なり、How 〜! には名詞は使えません。誰のことなのか、何のことなのかを具体的に表すために、〈How 〜 主語＋動詞!〉とすることもあります。

【こんな感じで書きます】Oda-san celebrated my birthday at a French restaurant. How delicious the dinner was! It turned out to be a wonderful day.
オダさんがフレンチレストランで誕生日を祝ってくれた。とても美味なディナーだったなあ！　すてきな一日になった。

Scene 20
おかしな川

プーたちは、なんだか川がおかしなことになっているのに気づきます。いったいどうしたのでしょうか？

There were rocks in the stream with red and yellow stripes, plants with blue and white dots, and logs with purple and orange streaks!

川には、赤や黄色のしましまもようの岩、青や白の水玉もようの草、紫やオレンジ色の筋が入った木があったのです！

Words

- rocks ／岩（複数形）　- stream ／川　- stripes ／しましま模様（複数形）
- plants ／草木（複数形）　- dots ／水玉模様（複数形）　- logs ／丸太（複数形）
- streaks ／筋（複数形）

⓴ 〜があった。／〜がいた。

There was / There were ☐.

These all fit! あてはめるだけ！

大勢の人	a lot of people
大勢の参拝客	a lot of visitors
何人かの客	some customers
たくさんの車	a lot of cars
買い物客	shoppers
大勢の子ども	a lot of children
何軒かのお店	some shops
きれいな花	beautiful flowers
彼女の家には豪華な調度品	gorgeous furnishings in her house
近所で火事	a fire near my house
うちの町でお祭り	a festival in my town
交通渋滞	a lot of traffic
震度3の地震	an intensity–3 earthquake

mini lesson

● 大勢の人や車、お祭りや火事など、「〜があった」「〜がいた」と述べるときは、単数ならThere was ☐.、複数ならThere were ☐.を用い、空所に名詞を入れて表します。名詞の前にa lot of（たくさんの）やsome（少しの）を入れると、数の多さなどを表すことができます。〈at＋場所〉や〈in＋場所〉を用いて、どこにあったのか〈いたのか〉を続けてもよいでしょう。

【こんな感じで書きます】 There were a lot of visitors at the shrine on January first. The roads around it were jammed.
1月1日、その神社にはとても多くの参拝客がいた。周辺の道路は混雑していた。

Scene 21
それは何？

ラビットが鼻の上に何かをのせているようです。

"What's that on your nose, Rabbit?" Pooh asked politely.
"It's a pod," Rabbit said. "I found it under the tree."
"I want to wear a pod on my nose, too!" said Roo.

「ラビット、きみの鼻の上にのってるのは何？」プーは礼儀正しく聞きました。
「さやじゃよ」とラビットは言いました。「木の下で見つけたんじゃ」
「ぼくも鼻にさやをのっけたいよ！」とルーが言いました。

Words

◆nose／鼻　◆politely／礼儀正しく　◆pod／（豆などの）さや
◆found／find（～を見つける）の過去形

㉑ 〜したい。

I want to _____ .

These all fit! あてはめるだけ！

旅行に行く	go on a trip
髪を切る	get a haircut
猫を飼う	have a cat
車を替える	change cars
彼に会う	see him
彼女と結婚する	marry her
フランス語を習う	learn French
山登りをする	climb a mountain
昼まで寝る	sleep in till noon
世界遺産を訪れる	visit a world heritage site
彼女と星空を眺める	look up at the starry sky with her

mini lesson

- 「〜したい」とい希望や願望は、I want to 動詞の原形 . と表します。want to の前に really（本当に、すごく）を入れると、気持ちを強調できます。「〜したくない」という否定は、I don't want to 動詞の原形 . としましょう。
- 日常会話では、want to を wanna［ワナ］と発音することがあります。マンガや SNS（フェイスブックやインスタグラムなど）では、wanna と書く人も多くいます。くだけた用法ですが、日記では wanna と書いても OK です。

【こんな感じで書きます】 I saw "Phantom of the Opera" today. It was amazing! Someday, I want to see a musical in New York.
今日、「オペラ座の怪人」を観た。すばらしかった！ いつか、ニューヨークでミュージカルを観たいな。

Scene 22
「コンテイ」ってどこ？

カラフルな川の謎を解明するため、プーたちは川沿いを歩いています。

"You'll let me know if we're getting near the Bottom, won't you, Pooh?" Piglet asked nervously.

"Of course, Piglet," said Pooh. "I just hope I know it when I see it."

「コンテイに近くなったら教えてくれるよね、プー？」ピグレットがこわごわ聞きました。
「もちろんだよ、ピグレット」プーは答えました。「ただ、コンテイを見たときにそれだとわかるといいんだけど」

Words

- ◆ let ~ know ／〜に知らせる ◆ Bottom ／底
- ◆ nervously ／不安な気持ちで ◆ hope ／〜を望む

㉒ 〜だといいな。

I hope _____ .

These all fit! あてはめるだけ！

明日は天気がいい	it's sunny tomorrow
チケットが取れる	I can get the ticket
彼が私のことを覚えていてくれる	he remembers me
彼女がプロポーズを受け入れてくれる	she accepts my proposal
彼らが楽しいひと時を過ごしている	they're having a good time
そこがいい学校である	it's a good school
英語力が上がる	my English will improve
試験に合格する	I pass the exam
彼女は二度とそれをしない	she will never do it again

mini lesson

● 「〜だといいな」という願いは、I hope [(that) 文]. と表します。thatは省略できます。〜には実現してほしい事柄を文で入れましょう。〜にくる事柄が未来のことでも、くだけて現在形にすることがあります。左ページの文は現在形になっていますが、I just hope I will know it when I see it と表現することも可能です。

● I hope [(that) 文]. は自分のこと、人のこと、物事についてなど、様々な願いに使えますが、I hope [to＋動詞の原形]. にすると、自分自身の行為について、「〈自分が〉〜できるといいな」という限定された意味になります。(例) I hope to pass the exam.〈〈自分が〉試験に合格できるといいな〉

【こんな感じで書きます】 Nakano-san didn't come to work today, either. I hope he gets better soon.
ナカノさんは今日も会社を休んだ。早く回復するといいな。

Scene 23
帰り道の約束

帰り道、ルーがカンガに話しかけています。

"I'm having too much fun! Can I come again tomorrow, Mama? Can I?"
Kanga nodded.
"Yahoo! <u>I can't wait!</u>" Roo shouted, somewhat more loudly than was really necessary.

「楽しすぎるんだもの！ ママ、明日もまた来ていい？ いい？」
カンガがうなずきました。
「やったあ！ 待ちきれないよ！」
ルーは、必要以上に大きな声で叫びました。

Words

◆nodded ／ nod（うなずく）の過去形　◆Yahoo! ／ やったあ！
◆somewhat ／ いささか　◆loudly ／ 大声で　◆necessary ／ 必要な

❷❸ 〜が待ち遠しいなあ。

I can't wait _____ .

These all fit! あてはめるだけ！

彼女に会うこと	to see her
八ヶ岳に登ること	to climb Mt. Yatsugatake
伊勢神宮を訪れること	to visit the Ise Shrine
横浜支社で働くこと	to work at the Yokohama branch
春	for spring
誕生日	for my birthday
高校の同窓会	for the high school reunion
ヨーロッパ旅行	for my trip to Europe
彼の成功	for his success
彼女との食事	for the dinner with her
ディズニーの新作	for Disney's latest movie
学校が始まること	for school to start

mini lesson

●待ち遠しいこと、待ちきれないことは、I can't wait _____ . と表します。can't wait（「待てない」が直訳）と表現してワクワク感を出しています。空所には、to＋動詞の原形、または for＋名詞 を入れます。続く単語が動詞か名詞かによって to と for を使い分けましょう。また、「娘に赤ちゃんができるのが待ち遠しい」のような「〜が…すること」は、for 〜 to＋動詞の原形 を表します。I can't wait for my daughter to have a baby. という具合です。

【こんな感じで書きます】 I can't wait to see Reiko this Sunday. Wow, it'll be the first time in 15 years.
日曜日にレイコに会うのが楽しみ。わ〜、15年ぶりかぁ。

Scene 24
カラフルな川？

みんなで川に来たプーたち。ところがその川は、そこかしこがカラフルになっていて……？

"There's something very strange going on around here," Rabbit said. "And I'm going to find out what it is."
"Me, too!" said Piglet, Pooh, Eeyore, and Roo.

「ここでは何か、とてもおかしなことが起こってるぞ」とラビットは言いました。「わしは、それを突き止めるつもりじゃ」
「ぼくもさ！」とピグレット、プー、イーヨー、ルーが言いました。

Words

- strange／おかしな、奇妙な
- going on／go on（起こる）のing形
- find out／〜を突き止める
- what it is／それが何なのか

❷ ～するつもり。

I'm going to ☐ .

These all fit! あてはめるだけ!

TOEICを受験する	take the TOEIC Test
昇格試験を受ける	take the promotion test
就職活動をする	look for a job
婚活をする	start my spouse hunting
彼女をデートに誘う	ask her out
写真の整理をする	organize photos
東京マラソンに出る	run in the Tokyo Marathon
歯列矯正をする	have orthodontic treatment
来週、子どもたちをディズニーランドに連れて行く	take my kids to Disneyland next week
2週間カナダにホームステイする	do a homestay in Canada for two weeks

mini lesson

- 「～するつもりだ」「～する予定だ」とこれからする予定を述べるときは、I'm going to 動詞の原形 . と表します。
- 日常会話では、I'm going to の going to を gonna ［ガナ］と発音することがあります。マンガやSNS（フェイスブックやインスタグラムなど）では、gonnaと書く人も多くいます。くだけた用法ですが、日記ではgonnaと書いてもOKです。

【こんな感じで書きます】 I'm going to climb Mt. Fuji this summer. I should practice climbing small mountains and build up my strength.
この夏、富士山に登る。小さい山で登山を練習して体力をつけたほうがいいだろう。

Scene 25 プーの大掃除

プーが春の大掃除をしようとしているようです。

"One ... thing ... at a time," Pooh said to himself, puffing as he bent over his somewhat-rounder-than-average tummy to pick up a cracked honeypot. "I'll just put this pot outside for now. That will be quite enough spring-cleaning for one day."

「一度に……ひとつ……ずつ」と言い、プーは息を切らせながらちょっと丸すぎるおなかをかがめて、ひびの入ったはちみつのつぼを拾い上げました。「これはとりあえず、外に出しておこう。春の大掃除には、それでじゅうぶんだ」

Words

◆at a time／一度に　◆puffing／puff（息を切らす）のing形　◆bent／bend（かがむ）の過去形　◆somewhat-rounder-than-average tummy／平均よりもちょっと丸いおなか　◆cracked／ひびの入った　◆honeypot／はちみつのつぼ

25 〜しようっと。

I'll ____ .

These all fit! あてはめるだけ!

明日やる	do it tomorrow
医者に診てもらう	see a doctor
後で彼にメールする	email him later
明日、彼女に聞いてみる	ask her tomorrow
庭の草とりをする	weed my garden
花を植える	plant some flowers
今夜は早く寝る	go to bed early tonight
しばらく様子を見る	wait and see for a while
週末は本を読む	read books this weekend
仕事の帰りに立ち寄る	drop by after work
スポーツジムに申し込む	sign up for the gym

mini lesson

- その場の思いつきで「〜しようっと」と決めたことは、I'll 動詞の原形 . と表します。I will 〜. ではなく、I'llと短縮形で表すのがポイントです。この短縮形で「〜しようっと」といった軽さを出しています。ある程度決めておいた予定について用いる前項のI'm going to 動詞の原形 . とは分けて使いましょう。
- 「ちょっと〜でもしようっと」というニュアンスを出すなら、I'll just 動詞の原形 .、「〜でもしようかな」というニュアンスを出す場合は、Maybe I'll 動詞の原形 . とします。

【こんな感じで書きます】 My hair is getting a bit too long. Maybe I'll get a haircut one of these days.
髪が少し長くなってきた。近いうちに、カットしに行こうかな。

Scene 26
ひまと言うなら

「退屈だ」とごねるルーに対して、お母さんのカンガがある提案をします。

"I suppose I could find something useful for you to do inside," Kanga said. "You could help me shell peas. And then maybe clean up your room ..."
Roo **decided to** go out.

「おうちの中であなたにできる仕事を見つけてあげましょうか」とカンガは言いました。「お豆のさやをむいてくれてもいいわよ。そのあと、自分の部屋を片づけて……」
ルーは出かけることにしました。

Words

- suppose ／〜だろうと考える ◆ useful ／役に立つ ◆ shell ／〜のさやをとる
- peas ／エンドウ豆（複数形） ◆ clean up ／〜を片づける
- decided ／ decide（決める）の過去形 ◆ go out ／出かける

❷⓺ 〜することにした。

I decided to ☐ .

These all fit!
あてはめるだけ！

引っ越す	move
考え直す	think twice
そのパーティに行く	go to the party
異動を受け入れる	accept the transfer
弁護士をめざす	aim to be a lawyer
その男性に会ってみる	meet the man
彼女にプロポーズする	propose to her
英語で日記をつける	keep a diary in English
夏までに5キロやせる	lose 5 kg before summer
毎年1つの山に登る	climb one mountain every year

mini lesson

- しようと決めたことは、I decided to ☐ . と表します。I've decided to ☐ . と現在完了形で表すのが正式ですが、日記や日常会話では過去形で用いることもあります。空所には動詞の原形を入れましょう。この構文は、「〜することにした」という軽いものから「〜しようと決心した」という堅いものまで使えます。「〜しないことにした」という否定は、I decided not to ☐ . と表します。notがtoの前にくる点に注意してください。
- on second thought（いろいろと考えて）やfinally（ようやく、最終的に）などの言葉を一緒に用いてもいいですね。

【こんな感じで書きます】 XYZ Company offered me a position with good pay. I thought about it for a week. Then I decided to stay with my current job.
XYZ社からよい給料とともに転職を持ちかけられた。1週間考えた。そして、今の仕事を続けることにした。

Scene 27
わけありのみつつぼ

プーが大掃除で出たみつつぼを運んでいたら、カンガに話しかけられました。

"Oh, may I have it?" Kanga asked. "I can use it as a planter for my spring flowers!"
"Yes!" Pooh said eagerly. "But it's cracked, you know." Pooh believed a bear <u>should</u> always be honest about such things.

「あら、それもらってもいいかしら？」カンガが聞きました。「春の花を植える鉢に使えるわ！」
「いいよ！」プーは元気に言いました。「でも、ひびが入ってるんだよ。わかる？」プーは、クマならそういうことはいつでも正直に言うべきだと信じていたのです。

Words

- May I ~? ／〜してもいいですか？　◆ as ／〜として　◆ planter ／プランター
- eagerly ／はりきって　◆ cracked ／ひびの入った　◆ bear ／クマ
- honest ／正直な

㉗ 〜したほうがいいだろう。

I should ▭ .

These all fit! あてはめるだけ！

早めに家を出る	leave home early
電車で行く	go by train
やってみる	try it
薬を飲む	take some medicine
医者に診てもらう	see a doctor
もっと野菜を食べる	eat more vegetables
彼女とちゃんと話をする	sit down and talk with her
彼に気持ちを伝える	tell him how I feel
もっと慎重になる	be more careful
彼女にプレゼントを直接渡す	give her a present in person
おなか周りをなんとかする	do something about my middle

mini lesson

● 必要性や義務を述べるときは、I should 動詞の原形 . と表します。「〜したほうがいいだろう」「〜すべきだろう」という意味です。日常会話で相手に助言するとき、You should ~. を「あなたは〜すべきだ」、You had better ~. を「あなたは〜したほうがいい」と使い分ける人が多いようですが、実際は逆です。You had better ~. は「〜すべきだ。さもないと…」という脅迫めいた響きで、You should ~. は「〜したほうがいいよ」くらいのニュアンスです。会話で相手に対して使う際は気をつけましょう。

【こんな感じで書きます】 I'm putting on weight these days. Oh no. I should do some exercise.
最近、太ってきた。ヤバイ。運動をしなくちゃ。

Scene 28
どこまでもブルー

晴れ渡った青空のある日、プーとピグレットが一緒に歩いています。

"Isn't the sky glorious?" Piglet exclaimed, tilting his head so far back that Pooh **had to** catch him before he tipped over completely.

「空がとってもきれいだと思わない?」ピグレットは声を上げ、頭をずーっとうしろにそらせたので、完全にひっくりかえってしまう前に、プーがつかまえてあげなくてはなりませんでした。

Words

- ◆glorious／すてきな　exclaimed／exclaime（声を上げる）の過去形
- ◆tilting／tilt（～を傾ける）のing形　◆far back／はるか後ろに
- ◆tipped over／tip over（ひっくり返る）　◆completely／完全に

㉘ ～しなければならなかった。

I had to ☐ .

These all fit! あてはめるだけ！

残業する	work overtime
シャツにアイロンをかける	press my shirt
セーターを手洗いする	hand-wash my sweater
一日じゅう家にいる	stay home all day
安静にしている	have complete rest
DVDを返却する	return the DVDs
猫を獣医のところへ連れて行く	take my cat to the vet
2日間、実家の犬を預かる	keep my parents' dog for two days
1時間早く出勤する	go to work one hour early
罰金を払う	pay a fine
姪の世話をする	take care of my niece
お弁当を作る	make a boxed lunch
5時までに帰宅する	get home by five

mini lesson

● しなければならなかったことは、I had to [動詞の原形]. と表します。had to は have to（～しなければならない）の過去形で、[ハットゥ] と発音するのが一般的です。
● 上記は過去形で提示していますが、「明日～しなければならない」のようにこれからのこととして述べる場合は、I have to [動詞の原形]. と表しましょう。

【こんな感じで書きます】 I got a ticket for speeding and I had to pay a fine. I wasn't the only one speeding! Oh, how unlucky.
スピード違反で切符を切られて、罰金を払わなければならなかった。私だけがスピードを出していたわけじゃないのに！ まったく、ツイてないな。

Scene 29
水やりの時間

ラビットがきびきびと、プーたちに指示を出しています。

"Now," Rabbit said firmly, dusting off his hands. "It's time to water."
"Everyone," he called, "fill your buckets and pitchers and etceteras in the stream and carry them to the tree!"

「さあ」ラビットが、手から汚れを払い落としながらきっぱりと言いました。「水をやる時間だ」「みんな」と呼びかけます。「バケツや水差し、その他の入れものに川で水を汲んで、木のところまで運ぶんだ！」

Words
- firmly ／ きっぱりと
- dusting off ／ dust off（〜のほこり等を払う）のing形
- water ／ 水をやる
- fill ／ （容器）をいっぱいにする
- buckets ／ バケツ（複数形）
- pitchers ／ 水差し（複数形）
- etceteras ／ その他種々のもの（複数形）

㉙ 〜する時間だ／〜すべき時期だ。

It's time ☐.

These all fit! あてはめるだけ!

就職する	• to get a job • I got a job
テスト勉強をする	• to study for the exam • I studied for the exam
昇格する	• to get promoted • I got promoted
息子が結婚する	• for my son to get married • my son got married
将来のことを真剣に考える	• to think seriously about my future • I thought seriously about my future

mini lesson

- It's time to＋動詞の原形 . は「〜する時間だ」という意味で、会話では「そろそろ〜しましょう」といったニュアンスで使います。左ページの例文がそうです。日記では、「〜すべき時期だ」となり、重い腰を上げなくてはならない状況や、そうならない現状にイライラしたり焦ったりしている状況で使うとピッタリです。「(人)が〜する時間だ・すべき時期だ」という場合は、It's time for人to＋動詞の原形 . としましょう。

- ほかに、It's time 過去形の文 . の形にすることもあります。It's about time 〜. のようにaboutと一緒に用いたり、まだそれをしていないことへの不満を込めてIt's high time 〜. (いいかげん〜してもいいころだ)とすることもあります。

【こんな感じで書きます】 He's turning 30 soon. It's about time he got a job.
彼はもうすぐ30歳になるだから、そろそろちゃんと就職すればいいのに。

Scene 30 思い出の木

カンガとルーが大きな木のそばに到着しました。

"Oh, look!" Roo shouted a short while later. "That's the tree where I learned to swing!"
"I used to bring him to this tree when he was just a wee Roo," Kanga said.

「あっ、見てよ！」しばらくすると、ルーが声を上げました。「あれは、ぼくがブランコをできるようになった木だよ！」
「ルーがまだ小さいころ、この木に連れてきていたのよ」とカンガが言いました。

Words

- shouted／shout（叫ぶ）の過去形　◆a short while later／しばらくあとに
- learned to／learn to（～する方法を習得する）の過去形　◆swing／ブランコに乗る
- bring／～を連れてくる　◆wee／ほんの小さな

㉚ 昔は〜したなぁ / 昔は〜だったなぁ

I used to ⬚ .

These all fit! あてはめるだけ！

しっかり勉強する	study hard
夜更かしする	stay up late
よく食べる	eat a lot
毎週末、映画を観に行く	go to the movies every weekend
ドイツ語を習う	study German
ロサンゼルスに住む	live in Los Angeles
本をたくさん読む	read a lot of books
恥ずかしがり屋	be shy
わがまま	be selfish
短気	be short-tempered
暗いところがこわい	be scared of the dark
編み物が得意	be good at knitting

mini lesson

●過去を思い出して、「昔は〜したなぁ」「昔は〜だったなぁ」と述べるときは、I used to 動詞の原形 . と表します。used to は [ユーストゥ] と発音します。会話の際、usedのsはにごらない音で、dは聞こえないくらいの弱い音になる点に注意しましょう。この構文は、過去の長期的な習慣や状態を表し、今はそうでないことが含まれています。ちなみに、過去の短期的で不規則な行動について「よく〜したなぁ」と述べるときは、used to の代わりに would often を用います。

【こんな感じで書きます】 Looking back, I used to be bossy and self-centered. I've gotten mellowed as I got older.
思い返してみると、昔は偉そうで自己中心的だったなあ。年齢を重ねて、私も丸くなったものだ。

Scene 31 夕暮れの帰り道

プーとピグレットが、仲よく家路についていると、目の前に見事な夕焼けが見えました。

Piglet sighed happily. "Have you ever seen anything more glorious?"

"It reminds me of the color of honey," said Pooh. "Which happens to be one of my tummy's favorite colors."

ピグレットが、幸せそうにためいきをつきました。「こんなにすばらしいもの、見たことある？」
「はちみつの色を思い出させるよ」とプーは言いました。「ちなみに、ぼくのおなかの色でいちばん好きな色でもあるんだけどね」

Words

◆sighed／sigh（ため息をつく）の過去形　◆happily／幸せそうに　◆glorious／すてきな
◆reminds／remind（〜に思い出させる）の三人称単数現在形　◆happens to be／happen to be（たまたま〜である）の三人称単数現在形　◆tummy／おなか

31 〜で…を思い出した。

| ① | reminded me of | ② |

あてはめるだけ！① *These all fit!*

それ	It
その話	The story
その歌	The song
その写真	The picture
あの女性	That woman
その経験	The experience

あてはめるだけ！②

子どものころ	my childhood
高校時代	my high school days
つらい時期	tough times
元カノ	my ex-girlfriend
彼女との楽しい時間	the happy time with her

mini lesson

● 何かが引き金となって別のことを思い出したときは、 ① reminded me of ② . と表します。「〜は私に…のことを思い出させた」が直訳ですが、「〜で…のことを思い出した」と訳すと自然です。思い出すきっかけとなったものや人を主語にして表しましょう。

【こんな感じで書きます】 While having some coffee at a cafe, Heal the World came from the speakers. It reminded me of my school days.

カフェでコーヒーを飲んでいたら、スピーカーから「ヒール・ザ・ワールド」が流れてきた。学生時代を思い出した。

Scene 32
石投げしよう

川でプーたちが石投げをして遊んでいます。

Pooh's big round rock galumphed down to the bottom of the stream without a single skip, which was fine with Pooh **because** the splash was really very refreshing.

プーの大きな丸い石は一度も跳ねずにどぼんと川に沈みました。でもプーはそれで満足でした。飛び跳ねた水しぶきがとても気持ちよかったからです。

Words

◆ round ／丸い   ◆ galumphed down to ／ galumph down to (〜へどぼんと沈む) の過去形
◆ fine ／かまわない   ◆ splash ／ (水などの) しぶき
◆ refreshing ／気持ちをすっきりとさせる

32 〜なので……

| ① | **because** | ② | . |

あてはめるだけ！①

早く寝た	I went to bed early
外出したくなかった	I didn't want to go out
診療所へ行った	I went to the clinic
3キロやせたい	I want to lose 3 kg
洗濯機を買い替えようか考え中	I'm thinking about changing washers

あてはめるだけ！②

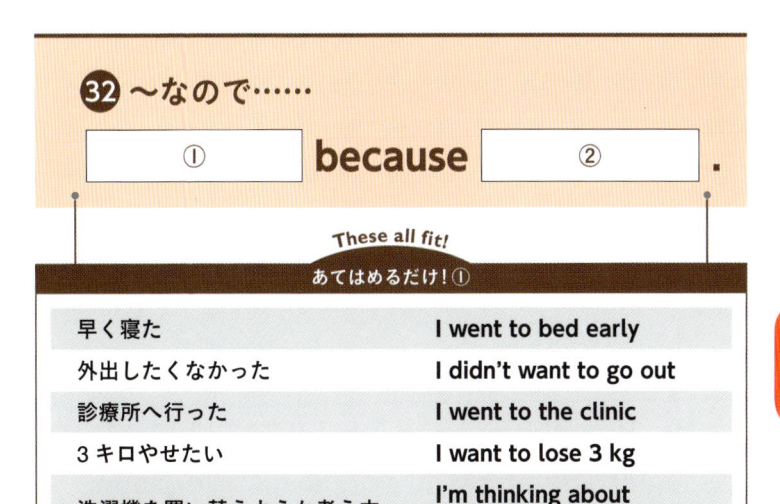

疲れていた	I was tired
凍えるほど寒かった	it was freezing cold
熱っぽかった	I was feverish
夏がくる	summer is coming
調子が悪い	it's in poor condition

mini lesson

●ある行動や考えと、その理由を述べるときは、行動や考えを表す文 because 理由を表す文 .と表します。たとえば、「疲れていたので、早く寝た」の場合、まず、行動を表す文、I went to bed early と表します。その後に、because I was tired（なぜなら、疲れていたから）と理由を続けます。直訳すると、「早く寝た、なぜなら、疲れていたから」となりますが、because のほうから訳す形で、「疲れていたので、早く寝た」とするのが自然です。

【こんな感じで書きます】I couldn't get much work done today because there were a lot of phone calls to answer and emails to return. I hope tomorrow is a quiet day.
電話の応答やメールの返信に追われて、今日はあまり仕事を片づけられなかった。明日は静かな1日になるといいな。

Scene 33
オウルの石集め

プーやルーたちが石投げに夢中になっている間、オウルは別のことに夢中になっていて……？

Owl never threw his rocks at all. He meant to, but <u>every time</u> he picked one up, something about it caught his eye. Soon, he was busy collecting rocks of every size and color and shape.

オウルは、自分が拾った石を全然投げませんでした。投げるつもりではいたのですが、ひとつ拾うたびに、その石の何かを気に入ってしまうのです。そのうち、オウルはいろんな大きさや色や形の石を拾い集めるのに夢中になってしまいました。

Words

◆threw／throw（投げる）の過去形　◆at all／（否定文で）まったく〜ない
◆meant to／mean to（〜するつもりだ）の過去形　◆caught his eyes／catch one's eyes（〜の目にとまる）の過去形で、one's にhisを入れた形

33 ～するたびに……。/ いつ～しても……。

Every time [①] , [②] .

These all fit!
あてはめるだけ！①

彼を見かける	I see him
そのレストランの近くを通る	I pass by the restaurant
マックスを散歩に連れて行く	I walk Max
その店で何か買った	I bought something at that shop

あてはめるだけ！②

彼は疲れた顔をしている	he looks tired
大勢の人が並んでいる	there's a long line of people
彼はうれしくてクルクル回る	he gets happy and runs around in a circle
店主がアメをくれた	the owner gave me some candy

mini lesson

- every time は「毎回」という意味で、後ろに文を続けて「～するたびに」を表します。Every time 文1, 文2. の形で、「文1するたびに文2」となり、「いつ文1しても、文2だ」というニュアンスになります。文2に always（いつも）は不要ですが、強調して入れることもできます。

【こんな感じで書きます】 Every time I run into Ann, she's nicely dressed. Today wasn't exceptional. I looked sloppy and was embarrassed.
アンはいつバッタリ出会ってもきちんとした格好をしている。今日も例外ではなかった。私はだらしない格好をしていて恥ずかしかった。

Scene 34
川の近くでできること

川に到着したプーたちは、近くに腰を落ち着けました。ところが、またもルーが「何もすることがないよ」と言い……？

"How about a game?" Owl asked. "Did anyone bring a game to play?"
"No," said Rabbit, who was starting to look sweaty and cross all over again.
"That's just what I was afraid of," Eeyore said glumly.

「ゲームでもするかね？」オウルが聞きました。「誰かゲームを持ってきたかな？」
「いや」とラビットが言いました。汗をかいて、またすっかり不機嫌になりかけています。
「だろうと思った」イーヨーが陰気に言いました。

Words
◆How about ~?／〜はどう？　◆bring／〜を持ってくる
◆look／〜のように見える　◆sweaty／汗だくの　◆cross／ご機嫌ななめの
◆all over／すっかり　◆afraid／心配して　◆glumly／不機嫌な態度で

34 それは〜なことだ/それは〜なものだ。

That's what _____.

These all fit!
あてはめるだけ！

私が欲しかったもの	I wanted
私が望んでいること	I hope
私に必要なこと	I need
私が言いたかったこと	I meant
私が耳にしたこと	I heard
私が思っていたこと	I thought
私がやろうとしていたこと	I was going to do
彼が私に買ってくれたもの	he bought me
彼女が私に作ってくれたもの	she made for me
私が心配していること	I'm worried about
私の興味があること	I'm interested in

mini lesson

● 想像していた状況になったり、欲しかったものをもらったときなどに便利なのが、That's what 主語＋動詞 . です。このwhatは「〜なこと、〜なもの」という意味で、〈what＋主語＋動詞〉は「〜が…したこと・もの」を表し、thatは直前の言葉を受けています。たとえば、what he said（彼が言ったこと）やwhat I ate（私が食べたもの）のように使います。左ページのwhat I was afraid ofは「私が心配していたこと」という意味です。「まさに」と強調する場合は、whatの前にjustやexactlyを入れましょう。

【こんな感じで書きます】 I won a vacuum cleaner robot in a department store drawing. That's what I wanted, so I'm very happy!
デパートの抽選でお掃除ロボットがあたった。欲しかったものだったので、とてもうれしい！

Scene 35
イーヨーの相談

ラビットと偶然ぶつかってしまったイーヨーは、あることを尋ねます。

"I don't suppose Kanga has anything I could use to brighten things up for spring."
"Brighten things up? You?" Rabbit said doubtfully. "Well, I guess it can't hurt to try."

「カンガは、春に向けてぼくがぱっとするようなものなんか、持っていないだろうねえ」「ぱっとする？ おまえさんが？」ラビットは信じられないというように言いました。「まあ、試してみても損はないだろうな」

Words

- suppose ／〜と思う　 ◆ brighten things up ／雰囲気を明るくする
- doubtfully ／疑わしげに
- it can't hurt to 〜／〜しても問題ない、〜しても損はない

㉟ 〜だと思う。

I guess ▭ .

These all fit! あてはめるだけ！

それでよい	it's OK
それは価値があった	it was worth it
彼女は困っている	she is in trouble
仕方がない	I have no choice
あれで十分よかった	that was good enough
時間の無駄だ	it's a waste of time
彼は本当のことを知らない	he doesn't know the truth
彼女はひとりぼっちで寂しい	she feels lonely
家庭料理が一番だ	home cooking is the best
彼は何と言ってよいかわからなかった	he didn't know what to say

mini lesson

● 「〜だと思う」「〜だと考える」と意見を言うとき、I think 〜. と同じくらいよく使われるのが、I guess (that)＋文 . です。guess は think よりくだけた響きで、アメリカ英語で好んで使われます。that は省略するのが一般的です。会話では、声のトーンによって、「〜じゃないかな」くらいの弱いニュアンスになったり、左ページの例文のように Well, I guess 〜. の形で用いると「まぁ、〜だろうな」くらいの響きになったりします。

【こんな感じで書きます】 Takahashi-san was in a good mood all day today. I guess something nice happened to her.
今日、タカハシさんは一日じゅう機嫌がよかった。何かいいことがあったんだろうな。

Scene 36
みんなで泥遊び

ティガーとルーが川で泥遊びをしています。

"I'm not thinking," Tigger said. "Just doing!" And he bounced again, sending mud flying everywhere.
"I bet I can make the mud fly farther than you can!" Roo said, catapulting himself into the middle of the mud patch.

「考えてないよ」とティガーは言いました。「動いてるだけさ！」そしてまた飛び跳ね、泥をあちこちにはね散らかしました。
「きっとぼくのほうが遠くまで泥を飛ばせるよ！」ルーが言い、泥のまんなかに飛び込みました。

Words

◆bounced／bounce（飛び跳ねる）の過去形　◆sending ~ flying／send ~ flying（～をはね飛ばす）のing形　◆mud／泥　◆catapulting ~ into...／catapult ~ into...（すごい勢いで～を…に投げ出す）のing形　◆the middle of ~／～のまんなかに

❸❻ きっと〜だろう。

I bet _____ .

These all fit! あてはめるだけ!

彼は彼女のことが好き	he likes her
それは問題ない	it's no problem
(おなかの) 赤ちゃんは女の子だ	it's a girl
彼女はそのことを知っていた	she knew that
すべてうまくいく	everything will work out
スケジュールを組み直せる	it can be rescheduled
彼はクラスの人気者だった	he was popular in class
彼女はいいお母さんになる	she will make a good mother
彼は税理士になる	he will become a certified tax accountant
この経験が糧になる	this experience will make me grow
彼はニューヨークで楽しいひと時を過ごしている	he's having a good time in New York

mini lesson

● 確信していることや自信のある事柄について、「きっと〜だろう」と述べるときは、I bet (that)+文 . と表します。bet はもともと「(お金など)を賭ける」という意味があり、「(賭けてもいいくらい)〜だと確信している」という意味で使われるようになった表現で、I'm sure 〜. のくだけた構文です。続く文は、時制を問わず使えます。また、that は省略するのが一般的です。

【こんな感じで書きます】 Sayuri has good manners and uses refined language. I bet she comes from a decent family.
サユリはきちんとした礼儀作法で言葉遣いも丁寧だ。きっと良家の出だろう。

Scene 37 春のお茶会

ティガーたちの持ってきた大きな木箱をテーブルにして、ピグレットの庭でみんながお茶会をしはじめました。

In no time at all, Piglet's friends were gathered around his sturdy new picnic table enjoying a springtime tea party.
"You must have been baking all morning," Pooh said politely.

じきに、ピグレットの仲間たちが新しいがんじょうなピクニックテーブルに集まり、春のお茶会を楽しみはじめました。
「朝からずっと焼いていたんだろうね」とプーが礼儀正しく言います。

Words

◆in no time at all ／すぐに、一瞬にして　◆gathered ／gather（集まる）の過去形
◆sturdy ／がんじょうな　◆baking ／bake（オーブンで焼く）のing形
◆politely ／礼儀正しく

37 彼はきっと〜したのだろう。

He must have _____ .

These all fit!
あてはめるだけ！

しっかり勉強した	studied hard
熱心に働いた	worked hard
練習をたくさんした	practiced a lot
たくさん本を読んだ	read a lot of books
よい上司だった	been a good boss
昨夜、何時間も踊っていた	been dancing for hours last night
長時間、彼女を待っていた	been waiting for her for a long time
それに多額のお金を費やした	spent a lot of money on that
生徒たちに慕われていた	been respected by his students
学生時代、女子にモテた	been popular with girls in his school days

mini lesson

●現状から過去の状況や行動を推測して、「きっと〜したにちがいない」「きっと〜だったのだろう」と述べるときは、must have 動詞の過去分詞形 を使って表します。ある動作がしばらくの間続いていたことを表すときは、must have been＋動詞のing形 と進行形にします。「もしかしたら〜したのかもしれない」「ひょっとしたら〜だったのかもしれない」と確信の度合いが低い場合は、must を might に変えて応用しましょう。

【こんな感じで書きます】 He didn't show up at the party today. He must have been busy.
今日、彼はパーティーに顔を出さなかった。きっと、忙しかったのだろうなぁ。

Scene 38
川遊びの道具なら……

みんなが「川に到着したけれど、何もすることがない」……と言うそばで、ピグレットが何かに気づいたようです。

"Look at all of these smooth rocks!" Piglet called to his friends. "I haven't counted them, but I am absolutely certain that there are a very great number."

「つるつるの石がこんなにたくさんあるよ！」ピグレットは仲間たちに呼びかけました。「数えてはいないけど、絶対にものすごくたくさんあると思うよ」

Words

◆Look at ~! ／～を見て！　◆smooth ／つるつるした
◆counted ／ count（～の数を数える）の過去分詞形　◆absolutely ／絶対に
◆certain ／～を確信している　◆great number ／多数

❸ ~していない。

I haven't _____ .

These all fit! あてはめるだけ！

決断する	decided
終える	finished
それを送る	sent it
それを試す	tried it
その手紙を読む	read the letter
それに申し込む	applied for it
そのことについて、シンジョウさんと話をする	talked with Shinjo-san about it
ヨシダさんのメールに返信する	replied to Yoshida-san's email
プレゼンの準備をする	prepared for my presentation
卒論にとりかかる	started working on my graduation thesis

mini lesson

● まだしていないこと、し終えていないことは、I haven't [動詞の過去分詞形]. と表します。過去分詞形とは、たとえば、eat (~を食べる) の場合、eat-ate-eaten の eaten を指します。I haven't ~. で「~していない」という未完了を表しますが、最後に yet (まだ~ない) を加えて、I haven't [動詞の過去分詞形] yet. とすると、「まだ~していない」となり、その行為が済んでいないことをより明確に表せます。

【こんな感じで書きます】 The deadline is this Friday, but I haven't filled out the application yet. Oh no!
締め切りは今度の金曜日だっていうのに、まだ申込書に記入していない。ヤバイ！

Scene 39
水面の世界

ピグレットとイーヨーが水面を見つめています。

Piglet and Eeyore were staring dreamily into a quiet pool, watching the reflections of the clouds drift by.
"In my experience," said Eeyore, "I've never looked so good."

ピグレットとイーヨーは夢見心地で、静かな池の表面を見つめていました。水面に映った雲が流れていきます。
「ぼくの経験では」とイーヨー。「こんなに自分がかっこよく見えたことはないな」

Words
- staring／stare（じっと見る）のing形 ◆ dreamily／夢見心地で
- quiet／静かな ◆ reflections／反射（複数形） ◆ clouds／雲（複数形）
- drift by／のんびり過ぎていく ◆ experience／経験

❸❾ 一度も〜したことがない。

I've never _____ .

These all fit! あてはめるだけ！

富士山に登る	climbed Mt. Fuji
スカイダイビングに挑戦する	tried skydiving
彼女に直接会う	met her in person
アフリカ料理を食べる	eaten African food
そのことを耳にする	heard of it
茶道を習う	learned the tea ceremony
海外へ行く	been to a foreign country
豪華客船に乗る	gotten on a luxury cruise ship
元気のない彼を見る	see him depressed

mini lesson

● 「一度も〜したことがない」と未経験なことについて述べるときは、I've never 動詞の過去分詞形 . と表します。前項と同様、過去分詞形を使って表します。neverはnotの強調形で、「一度も〜ない」「まったく〜ない」という意味です。notの代わりにneverを用いることで、一度もその経験がないことを明確に表せます。なお、「一度も〜へ行ったことがない」と表現するとき、go（行く）の過去分詞形goneを使いたくなりますが、I've never gone to ~. は非標準的な言い方とされています。行ったことのない場所は、I've never been to ~. または、I've never been in ~. と表すと覚えておいてくださいね。

【こんな感じで書きます】 Come to think of it, I've never been to Kyusyu. Someday, I want to travel in the cruise train, Seven Stars.
考えてみたら、一度も九州に行ったことがない。いつか、クルーズトレイン・ななつ星に乗って旅行したいな。

Scene 40
お散歩にかかせないもの

プーとピグレットが、並んで歩きながら、お散歩について話しています。

"I think a good ramble requires plenty of stopping, don't you?"
"Oh, I agree, Pooh," whispered Piglet. "If you go too much or go too soon, well, you might miss something."

「いいお散歩には、たくさんの道草が必要だと思うんだ。きみもそう思わない？」
「うん、そう思うよ、プー」ピグレットはささやきました。「遠くへ行きすぎたり、早く歩きすぎたりしたら、何かを見落とすかもしれないからね」

Words

◆ramble ／（あてのない）散歩　◆requires ／ require（〜を必要とする）の三人称単数現在形
◆plenty of ~ ／たくさんの〜　◆I agree ／私もそう思う
◆whispered ／ whisper（ささやく）の過去形　◆miss ／〜を見落とす

❹⓪ もし〜なら、……するかもしれない。

If ① , 主語＋ might ② .

あてはめるだけ！①

明日息子の体調がよくならなければ	my son doesn't get better tomorrow
そこまで車で行くとなると	we drive there
主人がいいと言ってくれたら	my husband says it's OK
このままがんばり続ければ	I keep trying

あてはめるだけ！②

旅行をキャンセルするかもしれない	I might cancel the trip
5時間はかかるかもしれない	it might take five hours
私は大学で勉強し直すかもしれない	I might go back to college
誰かが助けてくれるかもしれない	someone might give me a helping hand

mini lesson

● 「もし〜なら」と多少なり可能性がある事柄について触れたあとで、実際にその状況になったら、「……するかもしれない」と述べる場合、If 現在形の文 , 主語＋ might 動詞の原形 . と表します。might は「〜かもしれない」という意味です。「もし〜なら……します」と決意が強い場合は、might を will にしましょう。

【こんな感じで書きます】 If we drive to Kyoto, it might be hard to find a parking. I wonder if it's better to go by train.
車で京都へ行くと駐車場を探すのが大変かも？　電車で行ったほうが賢明かな？

Column 2

英語日記で語彙を増やす

　英語日記を書くとき、みなさんはどんなものを参考にするでしょうか？
　もちろん、英語日記の本や辞典を参考にすることが多いかと思いますが、Chapter 2を読まれた方はおわかりの通り、実はこういったストーリーの中にも日記に使える表現が満載なのです。
　特に、ただ単語帳で単語を覚えるような単純作業や、かたくるしい勉強の苦手な方は、洋画のDVDを観たり、英語で書かれた物語を読みながら英語を勉強する方も多いと思いますが、そういった際に、ただ「読むだけ」「観るだけ」で終わらせてはもったいない。日記で使えそうな表現を書き出すなどして、インプットしたものをアウトプットする手軽な場所として英語日記を活用していただき、表現力のアップにつなげてほしいものです。

　語彙を増やすには、普段から「これは英語でどう表現するのかな？」と疑問を持ち、それを辞書で調べる習慣をつけることが大切です。ニュースを聞きながら「"二国間協議"は何と言うのかな？」、料理を

していて「"きつね色になるまで揚げる"はどう表現するのかな?」などと、気になった表現を時間のあるときに調べ、それらを日記で使ってみるといいですね。そうすることで語彙力がアップするだけでなく、日記の内容にも変化を加えられます(※「二国間協議」はbilateral talk、「きつね色になるまで揚げる」はdeep-fry until brownと表現します)。

　また、映画や海外ドラマなどを観る際には、I knew it.(そんなことだろうと思ったよ)、It can't be helped.(仕方ないか)といった、特にネイティブらしい表現が学べます。「これは使える!」と思った表現を書きとめておき、ぜひ、日記で使ってみてください。日記に「こなれた感」が出ます。

　見聞きした表現を日記に書く。このインプットとアウトプットの繰り返しが、身のまわりの語彙を増やすのに有効です。一日1単語でも、「継続は力なり」です。

直接書き込んで、自分だけの
英語日記をはじめてみよう

One-month
English Diary

1カ月お試し英語日記

Day 1

Day 2

Day 3

Day 4

Day 5

—"You have a tree growing out of your back," Pooh said.

Day 6

Day 7

Day 8

Day 9

Day 10

—"Someday this tree will be big enough for all of us to sit under," Roo said. "But for now, it's just the right size for me."

Day 11

Day 12

Day 13

Day 14

Day 15

"I think"—*crunch*—"that red apples are my favorite," Pooh said.

Day 16

Day 17

Day 18

Day 19

Day 20

Tigger said, "Don't you think it will make a splendiferous picnic table, Buddy-boy?"

Day 21

Day 22

Day 23

Day 24

Day 25

"In my experience," said Eeyore, "I've never looked so good."

Day 26

Day 27

Day 28

Day 29

Day 30

Day 31

自分の「書きたいこと」を
探してすぐに日記が書ける!

見ながらすぐに使える
英語日記の表現集

Useful English Expressions for a Diary

さあ、いざ実際に英語で日記を書いてみよう！ というとき、
「これって、英語で何て言うんだろう？」と疑問に思ったり、
「今日は書くことが思いつかないや……」なんて
思ったりするときもあることと思います。
このチャプターでは、大きく5つのセクションに分けて、
「そのまま英語日記に使える」表現を紹介していきます。
表現をそのまま使っても、名詞や動詞だけ入れ替えて、
「自分の言いたいこと」にカスタマイズしてもOKです。
まずは「何でもいいから書く」ことからはじめてみましょう！

Section 1
感想・気持ち

- 好き・嫌い
- うれしい・幸せ
- 楽しい・面白い
- 悲しい・さみしい・残念だ
- 驚き・興奮・感動
- 怒り・イライラ・むかむか
- 期待
- がっかり
- 不安・安心
- 後悔
- ゆううつ
- 退屈
- 恐怖
- 見た・聞いたことへの感想
- 読んだ・トライしたことへの感想
- 食べ物についての感想
- 人についての感想(外見)
- 人についての感想(性格)
- 買ったものについての感想
- 自分への励まし

好き・嫌い

● 好き。	I like it.
● 嫌い。	I don't like it.
● あんまり好きじゃない。	I don't like it very much.
● 大好き！	I love it!
● 大っ嫌い！	I hate it!
● 普通だった。	It was just OK.
● よかった。	It was good.
● 悪かった。	It was bad.
● あまりよくなかった。	It wasn't so good.

うれしい・幸せ

● うれしい！	I'm happy!
● やったぁ！	I did it!
● わーい！	Whoopee!
● ツイてる！	Lucky me!
● ラッキー！	I was lucky!
● うれし涙が出た！	I cried for joy!
● すごく幸せ！	I'm so happy!
● 最高に幸せ！	I couldn't be happier!
● 言葉にできないぐらい幸せ！	I'm happy beyond words!

● うれしい知らせをもらった！	I got good news!
● 夢みたい！	It's like a dream!

楽しい・面白い

● すっごく楽しかった！	It was a lot of fun!
● 楽しい1日だった！	It was a great day!
● おかしかった！	It was funny!
● 思い切り笑った！	It cracked me up!
● 腹がよじれるくらい笑った！	I almost split my sides laughing!
● 笑いすぎて涙が出た！	I laughed so hard that I cried!
● 久しぶりに笑った！	I haven't laughed this hard in ages!
● 楽しくて時間を忘れた！	It was so much fun that I forgot all about the time!

悲しい・さみしい・残念だ

● 悲しいなぁ。	I'm sad.
● さみしいよ。	I feel lonely.
● 彼に会えなくてさみしい。	I miss him.

● 心に穴が開いたみたい。	I feel empty.
● 残念だなぁ。	What a shame.
● 泣きそうだった。	I was close to tears.
● 涙が止まらない。	I can't stop crying.
● 胸がはりさけそう。	I'm heartbroken.
● つらいよ。	It's hard to take.

驚き・興奮・感動

● うわっ！	Whoa!
● あらまぁ！	Oh my!
● びっくりした！	I'm surprised!
● マジで!?	No kidding?!
● ありえない！	Impossible!
● ドン引き。	It's a real turnoff.
● 信じられない。	It's hard to believe.
● どきどきした！	My heart was pounding!
● めちゃくちゃ緊張した。	I had butterflies in my stomach.
● わくわくした！	I was excited!
● テンションが上がった！	I got so excited!
● 最高だった！	It was amazing!

● 感動した！	I was touched!
● 感動して涙が出た。	I was moved to tears.
● 胸がいっぱい！	I have a lump in my throat!

怒り・イライラ・むかむか

● 頭にきた！	I got mad!
● 思わずキレちゃった。	I flipped out.
● 腹立たしい。	It's irritating.
● 思い出したらまた腹が立ってきた。	Recalling that made me angry again.
● カチンときた。	It got on my nerves.
● イライラする。	It's driving me crazy.
● もううんざり！	I'm sick of it!
● 彼に八つ当たりしちゃった。	I took it out on him.

期待

● 楽しみ！	I'm looking forward to it!
● わくわくしてきた！	I'm getting excited!
● 待ちきれない！	I can't wait!
● うまくやれるといいな。	I hope I can do it well.

● 興奮して眠れなかった。	I was too excited to sleep.
● 早く日曜日に ならないかなあ。	I wish it were Sunday already.

がっかり

● がっかり。	What a letdown.
● ショック。	What a shock.
● 意欲をなくしちゃった。	I'm discouraged.
● あと少しだったのに。	I almost did it.
● 期待はずれだった。	It was disappointing.
● 期待していたほど よくはなかった。	It wasn't as good as I'd expected.

不安・安心

● 心配だなあ。	I'm worried.
● 心配しすぎかな？	Maybe I'm worrying too much.
● なんだか不安。	I'm feeling a bit uneasy.
● 不安で眠れない。	I'm so worried that I can't sleep.
● とっても緊張する。	I'm very tense.

● ほっ。	Phew.
● 安心した。	I'm relieved.
● これで夜もぐっすり眠れる。	Now I can get a good night's sleep.

後悔

● 後悔してる。	I regret it.
● もう一度やり直したい。	I want to do it all over again.
● 時計を戻せたらなぁ。	I wish I could turn back the clock.
● あんなこと、するんじゃなかった。	I shouldn't have done that.
● なんであんなこと言っちゃったんだろう。	I wonder why I said that.
● なんでこんなことになっちゃったんだろう。	I wonder why this has happened.
● 後悔しても仕方ない。	What's done can't be undone.
● 後の祭りだ。	The damage is already done.

ゆううつ

● ゆううつだなあ。	How depressing.
● やる気が出ない。	I can't motivate myself.
● やりたくないな。	I don't want to do it.
● もう嫌！	I'm sick and tired of it!
● テンションが上がらない。	I can't raise my spirits.
● 何も楽しいことがない。	Nothing is interesting.

退屈

● つまらない。	I'm bored.
● 超退屈。	I'm bored to death.
● することがない。	I'm at loose ends.
● 暇をもてあましてる。	I don't know what to do with my time.

恐怖

● ちょっとこわい。	It's a bit scary.
● すっごくこわかった！	I was really scared.
● 恐ろしかった。	It was frightening.
● ゾッとした。	I got the creeps.

● 鳥肌が立った。	I had goose bumps.
● 死ぬかと思った。	I thought I would die.

見た・聞いたことへの感想

● 迫力があった。	It was so powerful.
● ウトウトしてしまった。	I dozed off.
● また見たい（聞きたい）な。	I want to see (listen to) it again.
● いい経験だった。	It was a good experience.
● まだ余韻が残ってる。	The afterglow is still with me.
● 記憶に残る演技だった。	It was a memorable performance.
● 面白くて、時間を忘れた！	It was so great that I lost track of time.
● 見る価値があった。	It was worth seeing.
● 聞く価値があった。	It was worth listening to.

読んだ・トライしたことへの感想

● 簡単だった。	It was easy.
● 難しかった。	It was hard.
● 読みごたえがあった。	It was rich in content.
● 感動する話だった。	It was a touching story.
● 考えさせられた。	It was thought-provoking.
● やってみてよかった。	I'm glad I tried it.
● また挑戦してみたい。	I want to try it again.
● 私には向いていなかった。	It wasn't for me.

食べ物についての感想

● おいしかった。	It tasted good.
● まずかった。	It didn't taste good.
● 甘かった。	It was sweet.
● 辛かった。	It was spicy.
● しょっぱかった。	It was salty.
● 苦かった。	It was bitter.
● 味が濃かった（薄かった）。	It had a strong (light) taste.
● こってり（あっさり）していた。	It had a rich (plain) taste.
● おなかがいっぱいになった。	I had enough.

● つい食べ過ぎた。	I ended up eating too much.
● 胃がむかむかする。	I feel sick to my stomach.

人についての感想（外見）

※主語は適宜入れ替えて使ってください。

● すごい美人だった。	She was a knockout.
● かわいらしい人だった。	She was charming.
● 感じのいい人だった。	She was likable.
● 品のある人だった。	She was elegant.
● かっこよかった。	He was cool.
● 笑顔がすてきな人だった。	He had a great smile.
● 目鼻立ちのはっきりした人だった。	She had fine features.
● おしゃれな人だった。	He was stylish.
● おとなしそうな人だった。	He looked quiet.
● スタイルのいい女性だった。	She had a great figure.
● スタイルのいい男性だった。	He had a good physique.
● 色白だった。	She had a fair complexion.
● 背の高い（低い）人だった。	He was tall (short).
● ぽっちゃりした（すらっとした）人だった。	She was plump (slender).

● 年齢の割に大人っぽい人だった。	She looked mature for her age.
● 年齢より若く見えた。	He looked younger than he was.
● 何歳ぐらいなんだろう？	I wonder how old he is.

人についての感想（性格）

※主語は適宜入れ替えて使ってください。

● 優しい人だった。	She was kind.
● 誠実な人だった。	He was honest.
● 明るい人だった。	She was cheerful.
● おっとりとした人だった。	She was gentle and quiet.
● 頭の回転の速い人だった。	He was quick-witted.
● 礼儀正しい人だった。	She was polite.
● 謙虚な人だった。	He was modest.
● 気さくな人だった。	She was friendly.
● 失礼な人だった。	He was impolite.
● 冷たそうな人だった。	She looked cold.
● 強引な人だった。	He looked pushy.
● 気の強い人だった。	She had a strong personality.
● いじわるな人だった。	He was mean.

買った物についての感想 ▶「買い物」(P.151)も参照

● すごく気に入ってる。	I really like it.
● いい買い物をした。	It was a good buy.
● 買ってよかった。	I'm glad I bought it.
● 買わなきゃよかった。	I regret buying it.
● 掘り出し物だった。	It was a steal.
● 安かった (高かった)。	It was cheap (expensive).
● お手ごろ価格だった。	It was reasonably priced.
● まさに探していた物だった！	It was exactly what I'd been looking for.

自分への励まし

● 私、よくがんばった！	I did a good job!
● なるようになるさ。	Whatever will be, will be.
● 失敗したっていいんだ。	It's OK to fail.
● 気合入れていこう！	I will knuckle down!
● また挑戦しよう！	I will give it another try!
● 私らしくいこう。	I will just be myself.
● のんびりいこう。	I will take it easy.
● あきらめずにがんばれ！	Stick with it!
● 楽しまなきゃ。	I should enjoy it.
● 初心、忘るべからず。	Don't forget how you felt at the beginning.
● 千里の道も一歩から。	Every journey begins with a single step.
● 意志があれば道は開ける。	Where there's a will, there's a way.

Section 2

生活

- 天気
- 家事
- 用事
- 朝の支度
- 通勤・通学
- 料理・自宅での食事
- 帰宅
- 夕食
- お風呂
- 就寝前
- 買い物
- 家計
- 貯金
- 節約
- 出会い
- 合コン
- デート
- 恋
- 告白
- 付き合う
- 別れ

天気

● 晴れだった。	It was sunny.
● 快晴だった。	It was clear.
● くもっていた。	It was cloudy.
● 雨だった。	It rained.
● ここのところ雨続き。	It's been raining.
● どしゃぶりの雨だった。	It poured.
● そろそろ梅雨かな？	The rainy season is probably going to start soon.
● 雪が降りそうだな。	It looks like snow.
● だんだん涼しくなってきた。	It's getting cool.
● 寒かった。	It was cold.
● 肌寒かった。	It was chilly.
● 暑かった。	It was hot.
● うだるような暑さだった。	It was boiling hot.
● 蒸し暑かった。	It was hot and humid.
● あたたかい1日だった。	It was a warm day.
● 風の強い1日だった。	It was a windy day.
● じめじめした1日だった。	It was a damp day.
● 今日は天気がよくて気持ちよかった。	It was nice and comfortable today.

家事

● 家の掃除をした。	I cleaned my house.
● ゴミを捨てた。	I took out the garbage.
● 掃除機をかけた。	I did the vacuuming.
● 洗濯をした。	I did the laundry.
● 食器を洗った。	I did the dishes.
● ふとんを干した。	I aired out my futon.
● お風呂を洗った。	I washed the bath tub.
● トイレ掃除をした。	I cleaned the toilet.
● 食材の買い出しをした。	I went grocery shopping.
● 夕食を作った。	I made dinner.
● お弁当を作った。	I made a box lunch.
● 家計簿をつけた。	I updated my household accounts.

用事

● 家賃を支払った。	I paid the rent.
● 洗車した。	I washed my car.
● DVDを返却した。	I returned the DVD.
● ドラッグストアで日用品を買い足した。	I got some everyday things at the drugstore.

● PTAの会合に出た。	I attended the PTA meeting.
● 歯医者の予約をした。	I made a dentist appointment.
● 宅配便を受け取った。	I received a package.
● 住民票を取りに行った。	I went to get my resident's certificate.

朝の支度

● 今日は7時に起きた。	I got up at seven today.
● いつもより早起きした。	I got up earlier than usual.
● 早起きすると気持ちがいいな。	It feels good to get up early.
● 寝坊しちゃった。	I overslept.
● バタバタと支度した。	I got ready in a hurry.
● ゆっくり朝食をとった。	I had a leisurely breakfast.
● 朝食にトーストとスクランブルエッグを食べた。	I had a slice of toast and scrambled eggs for breakfast.
● 朝食はシリアルだけで済ませた。	I only had cereal for breakfast.

● 朝食を抜いちゃった。	I skipped breakfast.
● カフェでコーヒーを飲んだ。	I had a cup of coffee at a cafe.
● 朝シャワーを浴びた。	I took a shower this morning.
● 今日は化粧のノリが悪かった。	My makeup didn't go on right today.
● 今日は化粧がバッチリ決まった。	My makeup went on right today.
● 寝ぐせがひどかった！	I had bed head!
● スマホでニュースをチェックした。	I checked the news on my smartphone.
● ネットで株価をチェックした。	I checked the stock prices on the net.
● お弁当を持って出た。	I brought a lunch box with me.
● お弁当を家に忘れた。	I left my lunch box at home.

通勤・通学

- いつもより早い電車に乗った。
I took an earlier train than usual.

- 電車にギリギリ間に合った！
I barely made the train!

- 朝から走って、クタクタになった。
I got tired from running this morning.

- 電車に乗り遅れた。
I missed my train.

- 電車ではずっと音楽を聞いていた。
I listened to music the entire way on the train.

- 電車で英語の勉強をした。
I studied English on the train.

- 運よく座れた！
I was lucky to get a seat!

- 通勤中に昨日買った本を読んだ。
On the way to work, I read the book I bought yesterday.

- 雨だったので、バスが遅れた。
The bus was late because of the rain.

- バスが目の前で行ってしまった。
The bus left just as I arrived.

- 道路が渋滞していた。
The road was backed up.

● 遅刻しそうだったから、タクシーに乗った。	I was running late, so I took a taxi.
● 今日はじめて自転車で通勤してみた。	I biked to work today for the first time.

料理・自宅での食事

● ご飯を3合炊いた。	I made three cups of rice.
● 炊いたご飯を冷凍した。	I put the rice I made in the freezer.
● レシピ検索してトマトのパスタを作った。	I found a tomato pasta recipe online and made it.
● はじめてローストビーフを作った。	I made roast beef for the first time.
● 新しいレシピを覚えた。	I learned a new recipe.
● レシピ本を見ながら作った。	I made it from a recipe.
● 友人に手料理をふるまった。	I cooked some dishes for my friends.
● 帰りにコンビニでお弁当を買った。	I got a bento at a convenience store before going home.
● 昨夜の残り物を食べた。	I had the leftovers from last night.

● カツ丼の出前をとった。	I had a cutlet bowl delivered.
● 疲れていて何も作る気になれなかった。	I was too tired to cook.
● 料理って楽しい（面倒くさい）。	Cooking is fun (a bother).

帰宅

● 6 時ごろ帰宅した。	I got home around six.
● いつもより早く帰れた。	I was able to get home earlier than usual.
● 帰宅がいつもより遅くなった。	I got home later than usual.
● タクヤの塾のお迎えに行った。	I picked up Takuya at his juku.
● シオリは夜 7 時ごろに帰ってきた。	Shiori came home around 7 pm.
● タクシーで帰宅した。	I took a taxi home.
● 今日は歩いて帰宅した。	I walked home today.
● 午前様になってしまった。	I came home after midnight.

● 朝帰りした。	I stayed out all night and came home in the morning.

夕食

● 夕飯はカレーライスだった。	I had curry and rice for dinner.
● 家族そろって夕飯を食べた。	We had a family dinner together.
● 夕飯はチンして食べた。	I warmed up my dinner in the microwave and ate it.
● 家族で外食した。	We ate out as a family.
● 夕飯は子どもと一緒に作った。	My kid helped me cook dinner.
● 一人で夕飯を食べた。	I ate my dinner alone.

お風呂

● 夜9時ごろお風呂に入った。	I took a bath around 9 pm.
● お風呂はシャワーだけで済ませた。	I just took a shower, not a bath.
● ゆず湯に入った。	I took a yuzu bath.
● 近所の銭湯に行った。	I went to a public bath nearby.

● お風呂でうとうとしてしまった。	I dozed off in the bathtub.
● お湯に入浴剤を入れた。	I put some bath salts in my bathtub.
● 長湯して、のぼせてしまった。	I stayed in the bathtub too long and felt dizzy.
● お風呂上がりのコーヒー牛乳は最高！	I love to have a bottle of coffee-flavored milk after taking a bath!

就寝前 ▶「睡眠」(P.197) も参照

● 部屋でアロマをたいた。	I lit aroma oil in my room.
● 明日着ていく服を選んだ。	I picked out what I want to wear tomorrow.
● 明日の持ち物を用意した。	I got my things together for tomorrow.
● 息子を寝かしつけた。	I put my son to bed.

買い物 ▶「買った物についての感想」(P.139)も参照

● 新宿へ買い物に行った。	I went shopping in Shinjuku.
● ABC デパートで靴を買った。	I bought a pair of shoes at ABC Department Store.
● ネットで衝動買いしちゃった。	I made an impulsive purchase online.
● バーゲンセールへ行った。	I went to the sale.
● ウインドウショッピングを楽しんだ。	I enjoyed window-shopping.
● 試着したけど、買わなかった。	I tried it on, but I didn't buy it.
● 欲しいものは売り切れだった。	What I wanted was sold out.
● 欲しいものが見つからなかった。	I didn't find what I wanted.
● カード一括払いで支払った。	I made a lump-sum payment.
● 高かったので、分割払いにした。	It was expensive, so I decided to pay for it in installments.
● 2時間くらい買い物した。	I enjoyed shopping for about two hours.

Section 2 ● 生活

● ユカリへのプレゼントを買った。	I bought a present for Yukari.
● 喜んでくれるといいなぁ。	I hope she'll like it.
● 通販でついつい買いすぎた。	I ordered more than I need.

家計 ▶「給与・休暇・ボーナス」(P.168)も参照

● 明日は給料日！	Tomorrow is payday!
● ボーナス出るかな？	I wonder if I'll get my bonus.
● 給料安すぎー。	My salary is too low.
● 公共料金の支払いをした。	I paid the utilities bill.
● 家賃の振り込みをした。	I paid the rent through the bank.
● 自動車保険の支払いをしなくちゃ。	I need to pay my car insurance.
● 家計簿をつけはじめた。	I started keeping track of my household accounts.
● ヤバイ、金欠だ。	Oh no, I'm broke.
● 今月は赤字かも。	I might be in the red this month.
● 今月は少し余裕がある。	I have a little extra money to spend this month.

● 最近、お金を使いすぎかも。	I might be spending too much money these days.
● 臨時収入があった。	I unexpectedly got some extra money.

貯金

● 2年で100万円ためたいな。	I want to save one million yen within two years.
● 貯金ゼロは さすがにまずいよ〜！	Having no savings is NOT good.
● 老後に備えて、 貯蓄をしないと。	I must save up some money for life after I retire.
● 毎月2万円ずつ 貯蓄にまわそう。	I'm going to put aside 20,000 yen every month.
● 定期預金をはじめた。	I opened a time-deposit account.
● 300万円たまった！	I've saved three million yen!
● なかなかお金がたまらない。	It's so hard to save up money.
● 臨時出費で、 貯金を切り崩してる。	With unexpected expenses, I have no choice but to use my savings.

節約

● 節約しなくちゃ。	I should spend less.
● 外食を減らそう。	I should eat out less.
● 食費を切り詰めよう。	I should cut down on food expenses.
● 飲み会を控えよう。	I should go out for drinks less.
● クレジットカードを使わないようにしよう。	I'll try not to use my credit cards.
● 今月は先月よりも1万円節約できた。	This month, I managed to save 10,000 yen more than last month.

出会い

● 最近気になる人ができた。	There's someone I kind of like these days.
● カフェで会うあの男性に、声をかけてみたいな。	I want to talk to that man I see at the cafe.
● ユウコが感じのいい男性を紹介してくれた。	Yuko introduced me to a nice man.
● 交流会ですてきな人と出会った。	I met someone nice at the party.

● いつも同じ電車に乗るんだ。	We always take the same train.
● 高校の同窓会で再会した。	We met each other again at our high school reunion.

合コン

● 合コンの幹事を任された。	I'm organizing the mixer.
● 合コンに行った。	I went to a mixer.
● 男性3人、女性3人だった。	There were three men and three women.
● 人数合わせで、合コンに参加した。	They needed one more woman, so I joined.
● サカキさんがカッコよかった。	Sakaki-san was cool.
● タイプの人がいなかった。	Nobody there was my type.
● 2次会はボウリングに行った。	We went bowling after that.
● 今日の合コンはいまいちだった。	Today's mixer was so-so.

デート

● ハヤシさんから食事に誘われた。	Hayashi-san asked me out for dinner.
● 今日はナルセさんとデートだった。	I had a date with Naruse-san.
● 彼と映画を観に行った。	He and I went to the movies together.
● 話が盛り上がった。	We had a great chat.
● 帰りたくなかった。	I didn't want to come home.
● 彼女といると落ち着く。	I feel relaxed with her.
● すごく緊張した。	I was very nervous.
● 彼女にまた会いたいな。	I want to see her again.
● 彼とは次はもうないかな。	I don't think I'm going to see him again.

恋

● 彼のことが 　ずっと気になってる。	He's always on my mind.
● 彼のこと、 　好きになっちゃったかも。	I might be in love with him.
● 寝ても覚めても 　彼女のことばかり考えてる。	I can't take my mind off her.
● 彼女のことが大好きだ。	I like her a lot.
● 一目ぼれしてしまった。	It was love at first sight.
● 完全に恋わずらい。	I'm completley lovesick.
● 早く彼に会いたいな。	I can't wait to see him.
● 付き合ってる人、 　いるのかな？	I wonder if she is seeing someone.
● ほかに好きな人は 　いるのかな？	I wonder if there's someone else she likes.
● 彼とお付き合いしたいな。	I want to go out with him.
● 私のこと、 　どう思ってるんだろう？	I wonder what he thinks of me.

告白

● 思い切って告白してみようかな。	Should I tell him I like him?
● 決めた。彼女に告白する！	OK. I've decided to tell her my feelings!
● 彼女に告白する勇気がない。	I don't have the guts to tell her that I want to be her boyfriend.
● 彼に告白した。	I told him I want to be his girlfriend.
● 結婚を前提に交際を申し込んだ。	I asked her to be my steady girlfriend with the idea that we will get married someday.
● 返事はOKだった！	She said OK!
● まずは友達からと言われた。	She said we could start as friends first.
● 少し考えさせてほしいと言われた。	She said she needs some time to think.
● 振られてしまった。	She said sorry.
● 付き合っている人がいると言われた。	She said she has a boyfriend.
● ほかに好きな人がいると言われた。	She said there's someone else she likes.

付き合う

● 彼女と付き合うことになった。	She and I started dating.
● 彼と付き合って、今日で1カ月。	It's been a month since I started dating him.
● 毎日メールしてる。	We email each other every day.
● 次のデートはどこに行こうかな？	Where should we go on our next date?
● 明日のデート、何着ていこうかな？	What should I wear to my date tomorrow?
● 今日は彼女とドライブをした。	She and I went for a drive today.
● 彼とずっと一緒にいたいな。	I want to be with him forever.
● 彼女とは結婚を意識している。	I'm thinking about marrying her.
● 交際は順調だ。	We're getting along very well.
● 最近、彼とうまくいってない。	I'm not getting along well with him these days.
● ささいなことでケンカしてしまった。	We had a fight over a trivial things.

● 彼、浮気してるのかな？	I wonder if he's cheating on me.
● 仲直りしたい。	I want to make up.
● 自分から謝った。	I apologized first.
● 仲直りできてよかった。	I'm glad we made up.
● 彼女と一緒に暮らしたいな。	I want to live with her.
● 彼にプロポーズされた！	He popped the question!

別れ

● 彼女と別れた。	I broke up with her.
● もう一度やり直したい。	I want to start our relationship again.
● 彼に別れようと言われた。	He told me he wants to break up.
● 彼女と別れたくない。	I don't want to break up with her.
● 別れたほうがお互いのためだと思う。	I think breaking up is better for both of us.
● もう男の人はこりごり。	I'm fed up with men.
● 次はもっといい人と出会えるかな。	I hope I meet someone better next time.

Section 3

仕事

- 出社・退社
- 会議・プレゼン
- 営業・接待
- 出張
- 研修・セミナー
- 会社のイベント
- 給与・休暇・ボーナス
- 仕事のタスク
- 仕事の調子
- 仕事の悩み
- 上司・先輩のこと
- 同僚のこと
- 部下・後輩のこと
- 人事関係
- 退職
- アルバイト
- 就職・転職のこと
- 仕事の目標
- 将来のキャリア

出社・退社

● 今日は8時に出社した。	I went to work at eight today.
● 今日は夜7時に退社した。	I left the office at 7 pm today.
● 今日は会社を休んだ。	I took a day off today.
● 今日は会社を早退した。	I left the office early today.
● 会社に遅刻しちゃった。	I was late for work.
● 家から打ち合わせに直行した。	I went to the meeting straight from home.
● 今日は営業先から直帰した。	I went home directly from my client's office today.
● 定時に退社した。	I left the office on time today.
● 午後から出社した。	I went to work in the afternoon.
● 午後から半休をとった。	I took the afternoon off.
● 夜10時まで残業した。	I worked until 10 pm.
● ここのところ残業が続いている。	I've been working overtime lately.
● ワークライフバランスを見直さなきゃ。	I need to review my work-life balance.

会議・プレゼン

● 朝から会議があった。	I had a meeting to attend this morning.
● 企画が通った！	My proposal was accepted!
● 企画はボツになった。	My proposal was rejected.
● 結論は次回まで持ち越された。	The decision was put off until the next meeting.
● 会議中、眠くなってしまった。	I got sleepy during the meeting.
● プレゼンの準備をしなくちゃ。	I need to prepare for my presentation.
● コツが知りたい。	I want to get the hang of it.
● 明日のプレゼン、緊張する。	I'm nervous about my presentation tomorrow.
● プレゼンの準備は万端だ。	I'm ready for my presentation.
● 新企画についてのプレゼンをした。	I gave a presentation on our new project.
● お客さんに新規提案のプレゼンをした。	I gave a presentation on the new proposal to my clients.

● プレゼンはなかなかうまくいった。	My presentation went pretty well.
● 緊張して、うまく話せなかった。	I was so tense that I couldn't explain it well.
● 緊張したけど、なんとか乗り切れた。	I was very nervous but I managed it.
● 厳しい意見を言われた。	I got some harsh feedback.

営業・接待

● 3件、アポをとりつけた。	I made three appointments.
● 今日は1日中外回りだった。	I worked outside the office all day.
● 今日は得意先をまわった。	I visited our regular clients today.
● 飛び込みで営業した。	I tried door-to-door sales.
● A社との契約にこぎつけた。	I made a contract with company A.
● B社には門前払いされた。	I was turned away at the door of company B.
● 今月はノルマを達成できる（できない）かも。	I might (might not) be able to fill my quota this month.

- 今月はノルマを達成できた（できなかった）。
I filled (didn't fill) my quota this month.

- 接待ゴルフに参加した。
I played golf with our business associates.

出張

- 明日から1泊2日で京都へ出張だ。
I'm leaving for a two-day business trip to Kyoto tomorrow.

- 久しぶりの出張だ。
It'll be my first business trip in ages.

- 最近出張ばかりだ。
I've been taking a lot of business trips lately.

- 今日は大阪へ日帰り出張だった。
I took a one-day business trip to Osaka today.

研修・セミナー

● 今日から新人研修だった。	New employee training started today.
● 来週から現場研修がはじまる。	We have on-site training next week.
● 管理職向けの研修に参加した。	I attended training for people in managerial positions.
● マーケティングのセミナーに参加した。	I attended a marketing seminar.
● 社外研修は勉強になった。	I learned a lot from the off-site training.

会社のイベント

● 入社式が行われた。	We had a new employee ceremony.
● 今日は新入社員の歓迎会だった。	We had a welcome party for the new employees today.
● サトウさんの歓迎会の幹事になった。	I was the organizer for Sato-san's welcome party.
● 明日はスズキ部長の送別会だ。	We have a farewell party for general manager Suzuki tomorrow.
● 明日から3日間、社員旅行だ。	We're going on a three-day company trip tomorrow.
● 創業30周年の記念パーティーがあった。	Our company had a 30th anniversary party.
● 今日は仕事納めだった。	Today was the last work day of the year.

給与・休暇・ボーナス

● 早く給料日が来ないかなぁ。	I can hardly wait for payday.
● 今日は給料日だった！	Today was payday!
● 給料日だから、ランチを奮発した。	I splurged on my lunch because it was payday.
● 給料をもらうとすぐに使っちゃう。	When I get my paycheck, I always spend it right away.
● 給料がもっと上がらないかなぁ。	I wish I had a higher salary.
● 今回はボーナス出るかな？	I wonder if I'll get a bonus this time.
● もうすぐボーナスだ！	We're getting our bonus soon!
● ボーナスが入ったら、何をしよう？	What should I do with my bonus?
● 3カ月分のボーナスが支給された。	I got a bonus of three months' pay.
● 明日は有休だ。	I'm taking a day off with pay tomorrow.
● もうすぐお盆休みだ。	Bon holidays are just around the corner.

● 次の休みには帰省しよう。	I'm going back to my hometown on my next holiday.
● 長期休暇をとりたいなあ。	I want to take a long vacation.

仕事のタスク

● タカハシさんにメールする。	Email Takahashi-san.
● メールに返信する。	Reply to the emails.
● ワタナベさんに電話する。	Call Watanabe-san.
● 企画書を書く。	Write a proposal.
● 日報を書く。	Write the daily report.
● 報告書を提出する。	Submit the report.
● 議題案を作成する。	Prepare a draft agenda.
● モリタさんに契約書を送付する。	Attach the contract to Morita-san.
● A社にアポをとる。	Make an appointment with company A.
● 会議室を確保する。	Reserve a meeting room.
● 会議用の資料を準備する。	Get the handouts for the meeting ready.

仕事の調子

- 最近、仕事がうまくいっている。 — Work has been going well lately.

- 最近、仕事がうまくいかない。 — Work hasn't been going well lately.

- なかなか仕事が覚えられない。 — I haven't gotten used to my job yet.

- 今日は仕事が忙しかった。 — It was a busy day today.

- 今日は仕事が暇だった。 — It wasn't a busy day today.

- やらなければいけない仕事がたまっている。 — I have a pile of work to take care of.

- 手際よく仕事をこなせた。 — I finished my work efficiently.

仕事の悩み

● 最近、仕事に身が入らない。	I haven't had any motivation lately.
● 人手が足りない。	We don't have enough manpower.
● 決算期で忙しい。	It's closing time, so it's really busy.
● 大きなミスをしてしまった。	I made a big mistake.
● 取引先を怒らせてしまった。	I made my client angry.
● 土日も働かなくちゃいけない。	I have to work on the weekend, too.
● 自分に向いた仕事なのかわからない。	I'm not sure if I'm cut out for this job.
● 職場の人間関係が悪い。	Interpersonal relationships in our office aren't good.
● 部下が言うことを聞いてくれない。	My staff won't listen to me.
● 部下にストレスを感じている。	I feel stressed out because of my staff.
● 上司と部下との間で板ばさみ状態だ。	I'm torn between my boss and subordinates.

上司・先輩のこと

● 上司に叱られた。	My boss told me off.
● 上司にがんばりをほめられた。	My boss told me I did a good job.
● イトウさんを尊敬している（していない）。	I look up (don't look up) to Ito-san.
● タカイ先輩からアドバイスをもらった。	I got good advice from my colleague, Takai-san.
● コバヤシさんはいつでも頼りになる。	Kobayashi-san is always so dependable.
● マエダさんは部下に厳しい。	Maeda-san is pretty strict with his staff.
● トクラ部長とはソリが合う（合わない）。	General manager Tokura and I get along (don't get along) well.
● 上司から学ぶことが多い。	I can learn a lot from my boss.

同僚のこと

● 今日は同僚とランチした。	I had lunch with my coworkers today.
● 同僚には恵まれている。	I'm blessed to have great coworkers.

● 優秀な同僚に刺激を受ける。	I feel motivated to work with my excellent coworkers.
● タムラさんはもうすぐ結婚するらしい。	I hear Tamura-san is getting married soon.
● ハナイさんが産休に入った。	Hanai-san is on maternity leave now.
● ミズナシさんが育休から復帰した。	Mizunashi-san is back from her maternity leave.
● トヨダさんが退職した。	Toyoda-san left the company.

部下・後輩のこと

● 新しく後輩が入ってきた。	New employees started working today.
● 部下が1人配属された。	A new staff member has joined my section.
● 後輩を指導するのって難しい。	It's hard to train staff.
● ミタさんはちょっと変わった子だ。	Mita-san is kind of different.
● ナカイさんはやる気のある子だ。	Nakai-san is motivated.

● 部下が問題を起こした。	One of my team members has caused some trouble.
● 後輩から相談を受けた。	I gave my colleague some advice.

人事関係

● 人事考課の面談があった。	I had an interview about my performance assessment.
● 昇進した。	I've been promoted.
● 昇給した。	I got a raise.
● 経理部に配属された。	I've been assigned to the accounting department.
● 企画部への異動希望を出した。	I submitted a transfer request to the planning department.
● 今日、人事異動の発表があった。	Changes in personnel were announced today.
● 来月から営業部へ異動になった。	I'll be moving to the sales department next month.
● 異動の希望が通った（通らなかった）。	My transfer request went through (didn't go through).

● そろそろ転勤になりそうだ。	I have a feeling I'll be transferred soon.
● 10月から名古屋へ転勤することになった。	They decided to transfer me to Nagoya in October.
● 3年くらいで東京に戻るだろう。	I'll probably be transfered back to Tokyo in three years.
● 何年向こうにいることになるか、わからない。	I don't know how long I'll be over there.

退職

● 上司に退職の意向を伝えた。	I told my boss that I'd like to quit.
● 上司に辞表を提出した。	I handed in my resignation to my boss.
● 上司に引きとめられた。	My boss tried to make me stay.
● 仕事の引き継ぎが終わった。	I've finished handing over my work.
● 職場で退職のあいさつをした。	I made a thank-you and good-bye speech at work.

● 明日はついに退職の日だ。	Tomorrow is the day that I finally leave the company.
● 今日退職した。	I left the office today.
● 部内の人が送別会を開いてくれた。	The staff in my department threw me a farewell party.

アルバイト

● バイトをはじめた。	I started a part-time job.
● 今月はシフトが多い（少ない）。	I have more (less) shifts this month.
● 10時間勤務で疲れた！	I worked for ten hours and I was so tired!
● 今日はお客さんが少なかった。	We didn't have many customers today.
● 今日のバイトは忙しかった。	We were very busy at work today.
● 今日は夜勤だった。	I worked the night shift today.
● 今月のバイト代は7万円だった。	This month, I made 70,000 yen from my part-time job.
● 来月はもう少しシフトを増やそうかな。	Maybe I should take more shifts next month.

● もう少し時給のいいバイトに変えたほうがいいかな。	I wonder if I should look for a job with a higher hourly wage.
● 新しいバイトを探そうかな。	Maybe I should change part-time jobs.
● バイトをやめた。	I quite my part-time job.

就職・転職のこと

● そろそろ就職活動をはじめなきゃ。	It's about time to look for a job.
● 証明写真を撮りに行った。	I had an ID photo taken.
● 自己分析をしなくちゃ。	I need to analyze myself.
● 合同説明会に参加した。	I went to a job fair.
● A社の説明会に参加した。	I went to a recruiting meeting for company A.
● エントリーシートを書かないと。	I need to fill out my entry sheet.
● B社にエントリーシートを提出した。	I submitted my entry sheet to company B.
● 今日は筆記試験があった。	I had a written exam today.
● C社の1次面接だった。	I had the first interview with company C.

● C 社は 2 次面接で落ちてしまった。	I failed the second interview with company C.
● 明日は最終面接だ。	Tomorrow is the final interview.
● D 社の内定をもらった！	I got a job offer from company D!
● 転職を考えている。	I've been thinking about changing jobs.
● 転職したい。	I want to change jobs.
● 転職することを決めた。	I've decided to change jobs.
● 履歴書を書いた。	I wrote my resume.
● 履歴書を書くなんて、5 年ぶり。	I wrote my resume for the first time in five years.
● 転職エージェントに登録した。	I registered at the job-hunting agency.
● キャリアコンサルタントの面談を受けた。	I had an interview with a career consultant.
● なかなか希望に合う求人が見つからない。	It's not easy to find a job I like.
● 希望に合う求人を紹介してもらった。	They gave me some information on a few job openings that I was interested in.

仕事の目標

- 早く仕事を覚えたい。 I want to get used to this job soon.

- 効率よく仕事したい。 I want to work efficiently.

- ミスをしない。 I will not make a mistake.

- お客さんに信頼されるようになりたい。 I want my clients to trust me.

- 売れる商品を作りたい。 I want to make products that sell well.

- 今月は新規の契約を3本とる！ I'm going to sign three new contracts this month!

- 営業成績No.1をとりたい。 I want to be the best salesperson!

将来のキャリア

● 企画課に異動したい。	I want to be transferred to the planning department.
● いつかは本社で働きたい。	I want to work at headquarters someday.
● やっぱり自動車業界で働きたい。	After all, I want to work in the automobile industry.
● 世の中の役に立つ仕事がしたい。	I want to do a job that contributes to society.
● 結婚しても働きたい。	I want to keep working even after getting married.
● 子育てと仕事を両立したい。	I want to continue working while taking care of my children.
● 寿退社したい。	I want to quit my job to get married.
● いつかは海外で働きたい。	Someday, I want to work overseas.
● ５年以内に起業するのが夢だ。	My dream is to start my own business within five years.
● コンサルタント会社を設立する！	I'm going to establish a consultancy.

Section 4

遊び・趣味

- 旅行
- アウトドア
- レジャー
- 友人と
- スポーツ
- 趣味・習い事
- 勉強

旅行

● 海外旅行に行きたいな。	I want to go on a trip abroad.
● 死ぬまでにイグアスの滝を訪れたい。	I want to visit Iguazu Falls before I die.
● 来週から7泊8日でイタリアへ行く。	I'm going on an eight-day trip to Italy next week.
● 8月に3カ国周遊する予定だ。	I'm going to visit three countries in August.
● 初めてのヨーロッパだ。	It'll be my first trip to Europe.
● 旅行の申し込みをした。	I signed up for the trip.
● 旅行の準備をしなくちゃ。	I need to prepare for my trip.
● フライトは8時間だった。	It was an eight-hour flight.
● 素敵なホテルだった。	The hotel was beautiful.
● ヴェネチアではたくさん写真を撮った。	I took a lot of pictures in Venice.
● 絶景に感動した。	I was touched by the magnificent view.
● 現地の食事も最高だった！	The local dishes tasted very good!

● 会社の人たちに おみやげを買った。	I bought a little something for my coworkers.
● 1泊2日で温泉旅行へ行った。	I went on a two-day hot spring trip.
● ハードスケジュールで観光した。	I went sightseeing on a tight schedule.
● 宿でゆっくりした。	I relaxed at the hotel.
● 久々にゆっくりできて、癒された。	It was a relaxing trip and I felt refreshed.
● 温泉の効能で、腰痛が改善された。	Thanks to the minerals in the hot spring, my lower back pain has gotten better.

アウトドア

● 家族でキャンプへ行った。	I went camping with my family.
● 河原でBBQをした。	We had a BBQ on the river bank.
● はじめてテントで寝た。	I slept in a tent for the first time.
● 星空の下での夜会は最高だった！	Evenings under the starry sky were fabulous.
● ラフティング体験をした。	I tried river rafting.
● はしゃぎすぎて、怪我をした。	I got hurt as I was too excited.
● 川のせせらぎが気持ちよかった。	The sound of the river was comforting.
● 2000メートル級の山に登った。	I climbed a 2000-meter-high mountain.
● 今年5回目の登山だ。	It was my fifth climbing this year.
● 来週は富士登山。	I'm climbing Mt. Fuji next week.
● 頂上からの景色は最高だった。	The view from the top was superb.

● 川釣りは楽しかった。	I enjoyed river fishing.
● 息子たちとピクニックに行った。	My sons and I went on a picnic.

レジャー

● みんなで遊園地へ行った。	We went to an amusement park.
● ジェットコースターはこわかった！	The roller coasters were scary!
● ジェットコースターに３回も乗った。	We rode the roller coasters three times.
● どのアトラクションもすごく並んでいた。	A lot of people were standing in line for every ride.
● 意外とすいていた。	Unexpectedly, it wasn't so crowded.
● お化け屋敷は３時間待ちだった。	We had to wait for the haunted house for three hours.
● パレードの場所取りをした。	We saved a place to sit and watch the parade.

● 夜のパレードはすてきだった。	The night parade was wonderful.
● 疲れて、電車では爆睡した。	We were so exhausted that we fell into deep sleep on the train.
● 水族館で、イルカに癒された。	The dolphins at the aquarium were so relaxing to look at.
● イルカショーに興奮した！	The dolphin show was very exciting!
● アシカのえさやりを見ることができた。	I watched the trainer feed the seals.
● ライオンの赤ちゃんがかわいかった！	The lion cubs were cute!
● パンダは、あまりよく見えなかった。	I couldn't see the pandas very well.
● 市民プールへ泳ぎに行った。	I went swimming in the public pool.
● プールはすごく混んでいた。	It was packed.
● 流れるプールが楽しかった。	We enjoyed swimming in the pool that had a current to push you around the pool.
● 子どもたちがビーチではしゃいでいた。	The kids romped around at the beach.

● ビーチでは肌を焼いた。	I sunbathed at the beach.
● ずっと海の家で音楽を聞いていた。	I enjoyed listening to music in a shop on the beach.
● 千鳥ヶ淵へ花見に行った。	I went to see the cherry blossoms at Chidorigafuchi.
● 隅田川で花火大会があった。	There was a fireworks display at the Sumida River.
● この冬は、さっぽろ雪まつりに行きたいな。	I want to go to the Sapporo Snow Festival this winter.

友人と

- アミとお茶した。 — I had tea with Ami.

- ママ友とランチした。 — I had lunch with the mothers of my children's friends.

- 久しぶりに夜通しバカ騒ぎした。 — We went on a night-long binge.

- ミホたちと女子会をした。 — I had dinner with Miho and some other female friends.

スポーツ

- 最近運動してないなあ。 — I haven't been exercising lately.

- 週に1回は、体を動かしたい。 — I need to do some exercise at least once a week.

- これから1日1万歩歩くのを目標にしよう。 — I'm going to walk 10,000 steps a day from now on.

- ユキちゃんと皇居ランをした。 — I ran around the Imperial Palace with Yuki-chan.

- 来年は、東京マラソンに挑戦してみたいな。 — I want to run the Tokyo Marathon next year.

- フットサルで汗を流した。 — I worked up a good sweat playing futsal.

● 最近、ボルダリングにはまってる。	I'm into bouldering these days.
● エクササイズで楽しくやせたい！	I want to lose weight by enjoying exercising.
● 毎日プールで歩いている。	I walk in the swimming pool every day.
● 今日は500メートル泳いだ。	I swam for 500 meters today.
● 会社の同僚たちと、草野球をした。	My coworkers and I played sandlot baseball.
● 会社帰りにゴルフの打ちっぱなしへ行った。	I stopped by a driving range on the way home from work.

Section 4 遊び・趣味

趣味・習い事

● ヨガを習ってみたいな。	I want to learn yoga.
● ボクシングに通いはじめた。	I started taking boxing lessons.
● 月謝は月1万円だ。	The tuition is 10,000 yen per month.
● 今日は英会話レッスンだった。	I had an English conversation lesson today.
● 以前よりも、話せるようになった気がする。	I feel I'm improving my speaking skills.
● レッスン後、クラスメイトとカフェに行った。	After the lesson, I went to a cafe with my classmates.
● 来週はピアノの発表会だ。	I have a piano recital next week.
● 賞をもらった！	I got a prize!
● もうすぐ試合がある。	I have a game to play soon.
● 今年は新しくカメラをはじめたい。	I want to take up photography.
● 新しいレンズが欲しいな。	I want a new lens.
● 今日は撮影会に参加した。	I attended a photo shoot today.
● 多趣味だとよく言われる。	I'm often told I have a lot of hobbies.

勉強

今年は中国語の勉強をはじめよう。	I'll start studying Chinese this year.
英語の勉強をがんばるぞ。	I'm going to study English hard.
TOEICで800点とるのが目標だ。	I'm going to go for 800 on the TOEIC.
英検1級に受かるのが目標だ。	My goal is to pass the first grade in the Eiken.
試験勉強しなくちゃ。	I must study for the exam.
平日は1時間、休日は3時間勉強しよう。	I'm going to study for one hour on weekdays and for three hours on the weekends.
最近、勉強する気が起きない。	I don't feel like studying these days.
図書館で勉強した。	I studied in the library.
今日はカフェで勉強した。	I studied at a cafe today.
1日中自習室にこもっていた。	I stayed in the study hall all day.
勉強しないと、まずい。	I really need to study or I'll be in trouble.

● いつも、つい遊んでしまう。	I always end up not studying.
● 今日は一夜漬けしよう。	I'm going to study all night.
● 試験結果が出た。	I got the test results.
● 合格していた！	I passed it!
● 残念ながら不合格だった。	Unfortunately I failed it.
● 前よりもスコアが上がっていた。	My score went up from the last test.
● 前よりもスコアが下がっていた。	My score went down compared to the previous test.

Section 5

健康・美容

- 体調
- 健康
- 睡眠
- ファッション
- ダイエット
- 美容
- 肌
- 髪
- ネイル・まつげ
- 脱毛・エステ

体調

- 体の調子がよかった。 — I felt well.
- 今日は体調がすぐれなかった。 — I didn't feel so well today.
- 寒気がしていた。 — I had the chills.
- 風邪をひいた。 — I have a cold.
- なんだか熱っぽかった。 — I felt a little feverish.
- 38.5度の熱が出た。 — I had a 38.5-degree fever.
- せきが出る。 — I have a cough.
- のどが痛い。 — I have a sore throat.
- 鼻水がとまらない。 — I have a runny nose.
- 頭が痛かった。 — I had a headache.
- 吐き気がした。 — I felt like throwing up.
- 何度も吐いてしまった。 — I threw up many times.
- おなかが痛かった。 — I had a stomachache.
- 食欲がない。 — I have no appetite.
- インフルエンザにかかってしまった。 — I have the flu.
- 会社(学校)を休んだ。 — I couldn't go to work (school).
- ずっと寝込んでいた。 — I was in bed all day.

● 花粉症の症状がひどい。	I have terrible hay fever.
● 肩こりがひどい。	I have a terrible stiff shoulders.
● 転んでけがをした。	I fell down and got hurt.
● ねんざした。	I got a sprain.
● 筋肉痛になった。	I am sore.
● お医者さんに診てもらった。	I saw a doctor.
● 薬をもらった。	I got some medicine.
● 薬を飲んだ。	I took some medicine.

健康

● 健康診断を受けた。	I had a check-up.
● 健康診断の結果が出た。	I got my check-up results.
● すべて正常だった。	Everything was fine.
● おおむね健康だった。	It proves that I am pretty healthy.
● 一部の数値がよくなかった。	Some of the test results were not so good.
● 再検査になった。	I have to get checked again.
● バランスのよい食事を心がけよう。	I'll try to eat right.

● 適度な運動を心がけよう。	I'll try to do some exercise.
● 最近年を感じる。	I feel my age these days.
● 20歳のときよりも15キロ太った。	I weigh 15kg more than when I was 20.
● 運動しなければ。	I need to do some exercise.
● 人間ドックに行った。	I had a complete physical check-up.
● インフルエンザの予防接種を受けた。	I had a flu shot.
● 最近風邪がはやっている。	There's a cold going around these days.
● 手洗い・うがいを心がけよう。	I need to wash my hands and gargle.

睡眠 ▶「就寝前」(P.150) も参照

● ぐっすり眠った。	I slept well.
● 最近、睡眠不足だ。	I haven't been getting enough sleep lately.
● 昨夜は2時間しか寝られなかった。	I only slept for two hours last night.
● 夜中に目が覚めてしまう。	I keep waking up in the middle of the night.
● 寝つきが悪い。	I've been having a hard time falling asleep.
● 早く(遅く)寝た。	I went to bed early (late).
● 徹夜した。	I stayed up all night.
● 昼寝した。	I took a nap.
● また寝過ごしちゃった。	I overslept again.
● 1日中眠かった。	I was sleepy all day.
● 1日6時間は寝るようにしたい。	I want to sleep at least six hours a day.
● よく寝たから今日は調子がいい。	I slept well, so I'm in good shape today.
● 早寝早起きを心がけよう。	I'll try to go to bed and get up early.

ファッション

● 新しい服が欲しい。	I want new clothes.
● 服を買った。	I bought some clothes.
● 雑誌で見たアイテムが気になる。	I can't stop thinking about that item I saw in the magazine.
● そろそろ衣替えの季節。	It's about time to change my wardrobe for the next season.
● （冬服から夏服に）衣替えをした。	I put away my winter clothes and get out my summer ones.
● おしゃれになりたい。	I want to look stylish.
● 今日はお気に入りの服でお出かけした。	I went out in my favorite outfit today.
● スーツを新調したいな。	I want to get a new suit.
● 今年の流行アイテムを手に入れた。	I got the item that is in style this year.
● 試着しないで購入した。	I bought it without trying it on.

● 9号サイズが きつくなってきた。	Size 9 is getting tight for me.
● 今日の服装を褒められた。	I was told that I looked nice in my outfit today.

ダイエット

● 夏までに5キロやせたい。	I want to lose 5kg before summer.
● 目指せ、3カ月で マイナス5キロ！	I will try to lose 5kg in three months!
● ダイエットをはじめた。	I'm now on a diet.
● 1キロやせた！	I've lost 1kg!
● 3キロ太っちゃった。	I've gained 3kg.
● リバウンドしちゃった。	I've gained weight again.
● ダイエットは順調だ。	My diet is going well.
● 今日は2キロ走った。	I ran 2km today.
● ジムをさぼっちゃった。	I skipped my gym training today.
● 毎日朝6時から 走ることにした。	I've decided to run at six every morning.
● 間食をやめよう。	I should stop eating between meals.

● 間食ががまんできない。	I can't resist eating snacks.
● 目標体重まであと2キロ！	Two more kilos to go before my ideal weight!
● 夜9時以降は食べないことにする。	I'm not going to eat after 9 pm.
● ラーメンが死ぬほど食べたい。	I'm dying for ramen noodles.
● 友達に「やせたね」と言われた。	A friend told me that I looked like I'd lost weight.

美容

● 寝る前にパックした。	I put on a facial mask before going to bed.
● 肌のピーリングをした。	I exfoliated my face.
● 眉をととのえた。	I trimmed my eyebrows.
● 歯のホワイトニングをした。	I had my teeth whitened.
● デコルテケアをした。	I take good care of the skin on my neck and chest.
● ヘアパックをした。	I got a hair pack.
● 口コミで話題の美容法を試した。	I tried this beauty treatment that I heard about by word of mouth.

● 半身浴をした。	I took a hip bath.
● 脚のむくみケアをした。	I massaged my swollen legs.
● リンパマッサージをしてもらった	I had a lymphatic massage.

肌

● 肌の調子がいい（悪い）。	My skin is in good (bad) condition.
● 肌がワントーン明るく（暗く）なった。	My skin is one tone brighter (darker).
● 肌がくすんできた。	My complexion is getting dull.
● 肌が白くなってきた。	My complexion is getting fair.
● 肌のテカリが気になる。	I need to do something about my oily skin.
● シワ（毛穴・シミ）が気になる。	I don't like my wrinkles (pores・spots).
● クマができた。	I have dark circles under my eyes.
● 日焼けした。	I got tanned.

● 肌がカサカサする。	My skin is dry.
● 汗で肌がベタベタする。	My skin is sticky with sweat.
● 化粧を落とすのを忘れた。	I forgot to take off my makeup.
● 肌荒れしちゃった。	My skin has gotten rough.
● ニキビができちゃった。	My skin broke out.
● 肌がきれいと言われた。	I was told that I have beautiful skin.

髪

● 今日は髪を巻いてみた。	I curled my hair today.
● 美容院に行った。	I went to the beauty salon.
● 髪を10センチ切った。	I had a 10-centimeter haircut.
● 髪を少し明るく（暗く）した。	I had my hair dyed a little lighter (darker).
● 髪が明るく（暗く）なってきた。	My hair color is getting lighter (darker).
● そろそろ根元をリタッチしないと。	It's about time I had the roots of my hair dyed.
● 髪を短くしたい。	I want to cut my hair short.

● 早く髪がのびないかなぁ。	I want my hair to grow faster.
● この髪型に飽きてきた。	I'm getting tired of this hairstyle.
● 美容院でトリートメントしてもらった。	I got a hair treatment at the hair salon.
● パーマをかけた。	I got a perm.
● 髪がさらさらだね、と言われた。	I was told that I have silky hair.
● 前髪を自分で切ったら、失敗した。	I trimmed my bangs, and they look terrible.
● 白髪染めをしてもらった。	I had my gray hair dyed.
● ヘッドスパをしてもらった。	I got a head massage.
● 美容師さんと話がはずんだ。	I had a good chat with my hairdresser.
● 湿気で髪がうまくまとまらない。	My hair won't stay after it is set due to the humidity.
● 雨の日は髪が爆発するから嫌！	I don't like rainy days because my hair gets frizzy.

ネイル・まつげ

● ネイルサロンに行った。	I went to the nail salon.
● 両手で 7500 円だった。	It cost 7,500 yen for both hands.
● グラデーションネイルにした。	I got gradation on my nails.
● ジェルネイルがはがれてきた。	The gel nails are peeling off.
● そろそろネイルを変えたい。	I feel like having different nails now.
● セルフネイルした。	I did the nails myself.
● まつげエクステをした。	I got eyelash extensions.
● まつげパーマをかけた。	I had my eyelashes permed.
● まつげエクステのおかげでメイクが楽！	It's easier to do my makeup now thanks to the eyelash extensions.

脱毛・エステ

● 脱毛の予約をした。	I made a hair removal appointment.
● なかなか予約がとれない。	They're always full and I can't make an appointment.
● 脱毛サロンに行った。	I went to a hair-removal salon.
● 自分へのご褒美にエステに行った。	I treated myself to a beauty treatment.
● フェイシャル90分コースを受けた。	I got a 90-minute facial.
● 肌がすべすべになった。	My skin has gotten so smooth.
● 肌にハリが出た。	My skin has gotten smooth and shiny.

石原 真弓（いしはら まゆみ）

英語学習スタイリスト。
高校卒業後、アメリカに留学。コミュニティカレッジ卒業後、通訳に従事。
帰国後は英会話を教える傍ら、執筆やメディア出演、スピーチコンテスト審査員、講演などで幅広く活躍。英語日記や英語手帳、英語ツイッターなど、身のまわりのことを英語で発信する学習法を提案し続けている。
主な著書に、累計30万部を突破した『ディズニーの英語』シリーズや、『Suzy's Zooとはじめる英会話』『カラー版 1日3分 はじめての英語日記』（以上、KADOKAWA）、『Twitterで英語をつぶやいてみる』（NHK出版）、『新 英語で日記を書いてみる』『英語日記パーフェクト表現辞典』『今すぐ言える！英会話フレーズブック』『毎日書ける 英語手帳フレーズブック』（学研）、『毎日ちょこっと英語レッスン』（PIE BOOKS）、『英語で手帳をつけてみる』（ベレ出版）などがある。中国語や韓国語に翻訳された著書も多数。

くまのプーさんと英語で日記を書いてみる （検印省略）

2016年3月24日　　第1刷発行

著　者　　石原　真弓
発行者　　川金　正法
発　行　　株式会社KADOKAWA
　　　　　〒102-8177　東京都千代田区富士見2-13-3
　　　　　0570-002-301（カスタマーサポート・ナビダイヤル）
　　　　　受付時間9：00～17：00（土日、祝日、年末年始を除く）
　　　　　http://www.kadokawa.co.jp/

落丁・乱丁本はご面倒でも、下記KADOKAWA読者係にお送りください。送料は小社負担でお取り替えいたします。古書店で購入したものについては、お取り替えできません。
電話 049-259-1100（9：00～17：00／土日、祝日、年末年始を除く）
〒354-0041　埼玉県入間郡三芳町藤久保550-1

DTP／フレーズ
印刷・製本／図書印刷

©2016 Disney Enterprises, Inc. All rights reserved.
Winnie the Pooh characters and artwork based on the "Winnie the Pooh" works by A.A. Milne and E.H. Shepard.

ISBN978-4-04-600964-7　C2082　Printed in Japan.

※本書の無断複製（コピー、スキャン、デジタル化等）並びに無断複製物の譲渡及び配信は、著作権法上での例外を除き禁じられています。また、本書を代行業者などの第三者に依頼して複製する行為は、たとえ個人や家庭内での利用であっても一切認められておりません。

読んで 聴いて 楽しみながら 英語が身につく
大人のためのストーリーブック

CD付 ディズニーの英語

コレクション①〜⑫
好評発売中!

シリーズ累計
**30万部
突破!**